M. Poskitt's Nightcaps

Histoires d'un fermier du Yorkshire

JS Fletcher

Writat

Cette édition parue en 2024

ISBN : 9789359948140

Publié par
Writat
email : info@writat.com

Contenu

INTRODUCTION

Tous ceux qui ont eu le plaisir de faire la connaissance de M. Poskitt savent que cet estimable Yorkshireman est non seulement le plus joyeux des hôtes, mais aussi le meilleur des compagnons. Ceux d'entre nous qui ont connu le Poskitt High Tea (un repas bien plus agréable qu'un dîner tardif) savent ce qui suit la consommation des tendres poulets de Mme Poskitt et de ses jambons nourris à la maison. Le feu du salon s'allume ; le foyer est balayé ; les rideaux sont tirés ; les carafes, les cigares et la vieille boîte à tabac en plomb pittoresque apparaissent sous la lampe à abat-jour, et M. Poskitt invite ses invités à se remonter le moral, à se servir et à se sentir chaleureusement accueillis. Et lorsque ces invités ont leurs lunettes au coude, leurs cigares et leurs pipes entre les lèvres et leurs jambes confortablement tendues, M. Poskitt a son histoire à raconter. Peu d'hommes connaissent mieux que lui la campagne et ses habitants, avec leurs joies, leurs peines, leurs humeurs ; Il y a sûrement peu de gens qui n'apprécieraient pas de l'entendre raconter les grands et petits drames de la vie qu'il a observés, d'un œil perspicace et sympathique, au cours de ses soixante-dix années de travail et de loisirs, de nuages et de soleil. Dans certaines de ces histoires de Nightcap (appelées ainsi par leurs auditeurs parce que M. Poskitt insiste pour les raconter en guise de préparation à sa propre retraite anticipée, qui n'est jamais plus tard que dix heures), il est tantôt humoristique, tantôt tragique. J'espère que le fait de les raconter à nouveau pourra procurer un certain plaisir aux gens qui doivent imaginer par eux-mêmes la lueur joyeuse du foyer de M. Poskitt.

JS FLETCHER.

Londres, mai 1910.

CHAPITRE I

LE GARDIEN DE LA FERME DES HAUTS ORMES

Dans la morosité froide de ce matin de février, toute la glace paraissait glaciale et répugnante à l'extrême. Là, sur une petite colline qui, en comparaison, prenait des proportions presque semblables à celles d'une colline au milieu du niveau bas des prairies et des terres à maïs à ses pieds, se dressait la ferme – une masse décousue de murs gris et de toits rouges ; maison, granges, écuries, greniers et étables se trouvant ici et là sans plan ni agencement évident. Deux ou trois grands ormes, maintenant sans feuilles et noirs d'humidité hivernale, s'élevaient au-dessus des cheminées et des pignons, comme des sentinelles enclines à dormir à leur poste ; au-dessus de leurs branches les plus hautes, une demi-douzaine de corbeaux battaient des ailes paresseuses sur le gris terne du ciel ; leurs notes occasionnelles de tristesse ajoutaient à la mélancolie de la scène. Et pourtant, pour un œil expérimenté, versé dans l'artisanat de la terre, l'aspect extérieur de High Elms Farm avait tout de bon augure. La maison, bien que très vieille, était en bon état, tout comme les bâtiments ; le terrain était d'excellente qualité. Mais il suffisait d'un coup d'œil pour constater que la maison n'était plus occupée depuis quelque temps ; ses fenêtres donnèrent instantanément l'impression que ni la lumière des lampes ni celle du feu ne brillaient à travers elles ces derniers temps, et entrer dans la grande cuisine pavée de pierre, c'était éprouver la sensation d'entrer dans un caveau. Ce sentiment de vide mort était également présent dans toutes les dépendances : les écuries, le grenier, les étables étaient sans vie, vides ; une étrange sorte de fantôme semblait demeurer dans leur silence. Et sous les brumes ondulantes qui recouvraient les vastes hectares de terres à maïs, les mauvaises herbes prospéraient au lieu de faire pousser des récoltes.

Ce matin de février, deux jeunes hommes, si semblables que personne ne pouvait les prendre pour autre chose que ce qu'ils étaient – des frères jumeaux – se tenaient devant le porche en pierre de la maison, se regardant avec des yeux mutuellement interrogateurs. C'étaient des gars grands, finement bâtis, robustes, âgés en apparence de vingt-six ans, aux cheveux blonds, aux yeux bleus, aux joues rouges, avec des mâchoires carrées et résolues et un air de détermination qui augure bien pour leur réussite dans la vie. Très semblables dans leur apparence, ils portaient leur similitude dans leur tenue vestimentaire. Chacun portait un habit de chasse au motif un peu bruyant ; chacun arborait un gilet fantaisie à boutons dorés ; chacun portait une jolie culotte d'équitation en whipcord, qui se terminait par des guêtres Newmarket de couleur fauve clair. Chacun portait son chapeau billycock légèrement incliné vers la gauche ; chacun avait un morceau de plume de perdrix coincé dans son bandeau. Et en ce moment chacun grignotait une paille.

"C'est un drôle d'endroit, Simpson", dit l'un de ces jeunes hommes après un silence de plusieurs minutes. "Un endroit vraiment bizarre !"

"C'est vrai, Isaac !" approuva l'autre. "C'est vrai, mon garçon. L'endroit le plus étrange que j'aie jamais vu. Vous ne pourriez pas dire un mot plus vrai."

Isaac Greaves grignotait plus activement sa paille. Il souleva le billycock à l'air élancé et se gratta la tête.

"Qu'est ce qu'il se passe avec ça?" il a dit. "Qu'est-ce qui se passe, genre ? C'est une bonne maison ; ce sont de bons bâtiments, s'ils sont démodés ; c'est un bon terrain."

"Oui, malheureusement négligé", dit son frère. "Belles récoltes de chardons."

"Cela pourrait être corrigé", a déclaré Isaac. "C'est une question de travail et de patience. L'essentiel est que ce soit une bonne terre. Et pourquoi ne peuvent-ils pas le laisser faire ?"

Simpson Greaves secoua la tête. Lui aussi mordillait avec plus de zèle sa paille.

"Il y a évidemment quelque chose qui s'y oppose", a-t-il déclaré. « Les deux derniers locataires qu'ils avaient ne voulaient pas s'arrêter – ils sont partis rapidement, tous les deux. Pour quelle raison, je ne sais pas.

Isaac jeta sa paille et sortit un cigare de la poche de son gilet. Il l'alluma et tira délibérément deux ou trois bouffées avant de parler.

"Eh bien," dit-il enfin, "il n'y a aucun doute là-dessus, Simpson : si l'on peut l'acheter au prix de loyer dont nous avons entendu parler, c'est une bonne affaire qu'aucun homme sensé ne devrait manquer. Je suis partant. , si vous l'êtes. C'est un meilleur terrain, c'est une meilleure maison, ce sont de meilleurs bâtiments que ce que nous avons actuellement, et nous payons plus du double. Et, bien sûr, notre heure est venue, Lady Day. ... Regardez ici, nous avons les instructions de l'avocat ; allons à Sicaster, voyons-le et écoutons ce qu'il a à dire. "

"Allez, alors," acquiesça Simpson. "Ce n'est qu'à environ huit kilomètres."

Il y avait deux gros épis attachés par leurs brides à la porte du jardin, et sur eux les frères se rendirent bientôt au bourg le plus proche. Sans plus de retard que celui nécessaire pour installer les épis et boire un verre de bière au Lion d'Or, ils se présentèrent au bureau du notaire qui agissait en tant qu'agent du domaine sur lequel se trouvait High Elms Farm, et en temps voulu. ont été conduits en sa présence.

"Je te laisse parler, Isaac", murmura Simpson, qui était plus réservé que son frère jumeau. "Découvrez tout ce que vous pouvez."

Isaac n'avait rien de répugnant : il connaissait ses pouvoirs. Il s'est plongé directement dans le sujet dès que Simpson et lui ont confronté un homme âgé qui les regardait avec intérêt.

"Bonjour, monsieur", dit Isaac. "Nous nous appelons Greaves, Isaac et Simpson Greaves, frères. Nous venons d'abandonner une ferme au-dessus de Woodbarrow, là- bas, et nous en cherchons une autre. Nous avons entendu au marché de Cornchester que vous aviez une ferme à vendre. Louez très bon marché – High Elms Farm – alors nous avons pensé que nous aimerions y jeter un coup d'œil et vous voir à ce sujet.

L'avocat regarda fixement les deux frères, l'un après l'autre. Puis il s'éclaircit la gorge avec une sorte de toux sans engagement.

"Oui," dit-il, "oui. Avez-vous visité les lieux, M. Greaves ?"

"Nous avons parcouru tout cela ce matin", répondit Isaac.

"Bien?" dit l'avocat.

"C'est une bonne terre, très négligée", a déclaré Isaac.

"Très gravement négligé", a ajouté Simpson.

"C'est bien sûr pour cela que vous demandez un loyer si bas", suggéra Isaac en jetant un regard perspicace à l'homme de loi.

L'homme de loi consultait ses ongles délicatement polis. Il regarda soudain Isaac avec un sourire franc.

"Le fait est que je ne peux pas le laisser faire", a-t-il déclaré. " Cela fait maintenant quatre ans qu'elle est sans locataire. Deux hommes l'ont eu, l'un arrêté un mois, l'autre quinze jours. Chacun a dit qu'il préférait payer quelques années de loyer pour s'en sortir plutôt que de s'y arrêter plus longtemps. Alors, voilà. sont!"

Les frères jumeaux se regardèrent. Chacun secoua la tête.

« C'est un drôle de truc, Isaac ! » dit Simpson.

"C'est un drôle de truc, Simpson !" » répondit Isaac avec une emphase supplémentaire. Il se tourna de nouveau vers l'avocat. "Et je vous prie, quelle en est la raison, monsieur ?" s'enquit-il.

L'avocat sourit – pas très gaiement – et écarta les mains.

"Ils disent que l'endroit est hanté", répondit-il.

"Hanté?" répéta Isaac. « Quoi… des fantômes, hein ? Eh bien, je ne pense pas que quelques fantômes de plus ou de moins feraient une grande différence pour nous, Simpson, mon garçon… quoi ?

"Pas à ma connaissance", répondit Simpson d'un ton ferme.

L'avocat se regardait tour à tour et souriait.

"Eh bien, je vous ai dit ce qui s'est passé", dit-il. "Ces deux autres hommes n'étaient ni l'un ni l'autre plus susceptibles d'être impressionnés par les fantômes que vous ne semblez l'être, mais je peux vous dire que je les ai vus tous les deux souffrir d'une peur si intense qu'ils étaient sur le point de rompre. vers le bas. C'est tout.

Deux paires d'yeux bleus se fixèrent sur le visage de l'homme de loi et s'élargirent de plus en plus ; deux bouches s'ouvrirent peu à peu.

"Je vais juste vous en parler", dit l'avocat, qui n'était manifestement pas opposé à jouer le rôle de narrateur, "et ensuite, quand vous aurez tout entendu, vous pourrez décider vous-mêmes si vous souhaitez aller plus loin. Que ce soit une question ou non. Jusqu'à il y a un peu plus de quatre ans, High Elms Farm était louée par un vieil homme nommé Josiah Maidment, qui était là depuis trente ans. C'était un vieux type étrange et excentrique, qui ne s'était jamais marié, et qui vivait presque seul. Il n'a jamais eu de femme de ménage, ni de servante dans la maison - tout ce qu'il avait besoin de faire était fait pour lui par la femme de la chaumière voisine.

"C'est là que nous avons obtenu les clés de la maison", a expliqué Isaac.

" Exactement. Eh bien, " continua l'avocat, " il y a un peu plus de quatre ans, le vieux Maidment a soudainement disparu. Il est sorti de la maison un matin, vêtu de son costume de second choix, comme s'il allait au marché - et on ne l'a jamais revu. Jamais vu, jamais entendu parler de lui ! Nous n'avons pas non plus pu trouver aucun lien de parenté avec lui. Il avait de l'argent à la banque et il y avait des titres, ce qui prouvait qu'il était un homme aisé. Nous avons fait de la publicité et avons tout fait. nous avons pu, mais en vain. Nous avons continué pendant un certain temps, puis le stock a été vendu et très vite nous avons loué la ferme à un nouveau fermier. Cela ne fait que trois ans. Et c'est à ce moment-là que tous les ennuis ont commencé. "

« Avec les fantômes ? dit Simpson.

"Eh bien, avec quelque chose", dit l'avocat en souriant. "Le nouveau locataire n'avait pas plus tôt rentré son stock qu'il s'est rendu compte que quelque chose n'allait pas. Dès la première nuit où il était là, son chien de berger, un animal qu'il possédait depuis des années, a disparu. Ils pensaient qu'il avait disparu. Je suis retourné à l'ancienne maison, mais ce n'était pas le cas, c'était tout simplement disparu. Alors, la nuit, les chevaux dans les écuries ont commencé à faire un tel bruit qu'il était impossible de dormir. Si vous alliez vers eux, vous les trouviez frissonnant d'effroi. de même pour les vaches. Quant aux moutons, on les retrouvait toujours le matin entassés dans un coin du champ où ils se trouvaient. Bref, tout le monde était pris de panique. Mais par quoi ? Personne n'a jamais rien vu. Le fermier et ses hommes ont veillé pendant des nuits, sans effet. Pourtant, dès qu'ils avaient le dos tourné, l'affaire a commencé. Et au bout d'un mois, les hommes sont partis et étaient reconnaissants de partir.

Les frères jumeaux étaient désormais complètement fascinés. Leurs yeux invitaient davantage.

"Le deuxième homme est venu, après un intervalle", a poursuivi l'avocat. "Les mêmes choses lui sont arrivées. Son chien de berger a disparu - ses chevaux, son bétail et ses moutons ont été effrayés. Et puis la situation a empiré. Cet homme était un jeune homme marié qui avait une femme et un enfant. L'enfant était un garçon vif et vif d'environ cinq ans. Un après-midi, sa mère était occupée et l'avait laissé aller dans le verger pour jouer sous les pommiers. Comme il mettait longtemps à rentrer, elle alla le chercher. Je l'ai trouvé... oui, mais comment pensez-vous qu'elle l'a trouvé ? Fou ! Complètement fou ! cette pauvre enfant avait perdu la raison — à cause de la peur. Et ainsi ce locataire est parti. Voilà, messieurs, l'histoire de High Elms Farm. C'est étrange , mais c'est vrai."

Isaac Greaves inspira longuement, regarda fixement son frère et secoua la tête.

"Eh bien, de toutes les choses dont j'ai jamais entendu parler !" il a dit. « Comment pouvez-vous expliquer cela, maintenant, monsieur ?

L'avocat étendit les mains.

"Comptez-en!" il s'est excalmé. "Mon bon monsieur, demandez-moi d'expliquer tout ou partie des mystères qui déroutent la connaissance humaine ! Personne ne peut l'expliquer. Tout ce que je sais, c'est ce qui est arrivé à ces hommes. Je vous dis qu'ils ont eu peur, peur de la pire des manières. "

"J'imagine que tout le monde ici connaît cette histoire ?" demanda Isaac.

"Vous pouvez en être sûr, sinon la ferme aurait été prise depuis longtemps avec ce loyer réduit", répondit l'avocat. "Il n'y a personne ici qui l'accepterait, pas eux !"

Isaac regarda Simpson. Ils se regardèrent pendant un moment en silence ; puis Isaac se tourna vers le notaire.

"Vous demandez dix shillings l'acre ?" il a dit.

"Je serais heureux d'avoir un locataire à cela", répondit l'homme de loi avec lassitude.

"Faites-en huit et nous le prendrons", a déclaré Isaac. " Et nous allons commencer à mettre les choses au clair tout de suite. Les fantômes, monsieur, ne nous dérangent pas beaucoup, moi et Simpson, nous tenterons notre chance. Mais... " Et là, Isaac se lança dans des détails techniques sur les conditions de location, ce qui montra à l'avocat qu'il avait affaire à un homme astucieux.

Le jour de la Dame, les frères jumeaux ont amené leur bétail à High Elms Farm et, à la tombée de la nuit, tout était en place. La maison avait déjà reçu leurs meubles et avait été rendue impeccable par leur gouvernante et une solide femme de chambre. Il n'y avait plus rien de froid ni de triste là-dedans.

"Nous aurions pu être installés depuis un an ou deux, Isaac", a déclaré Simpson alors que les deux frères fumaient dans le salon ce soir-là. "Tout est en ordre."

"Oui, et la prochaine chose est de finir de mettre de l'ordre sur le terrain", a déclaré Isaac. "Nous n'allons pas sortir d'ici aussi vite que ces autres gars l'ont fait, Simpson, mon garçon, fantômes ou pas de fantômes."

"Je me demande si nous entendrons ou verrons quelque chose ?" dit Simpson, méditatif.

Isaac jeta un coup d'œil à quelques pièces de chasse à jour qui pendaient au-dessus de la cheminée.

Il secoua la tête d'un air assuré et menaçant.

"Si je vois des fantômes", dit-il, "je laisserai passer la lumière du jour à travers eux. Ce sera un bon fantôme qui pourra supporter la charge du numéro 4."

"Oui," dit Simpson, "mais alors, d'après ce que disent certains gens..."

Il s'arrêta, se frottant le menton, et son frère le regarda avec le soupçon d'un doute dans son esprit.

"Bien?" dit Isaac avec impatience. "Bien?"

"Selon certaines personnes", a déclaré Simpson, "il y a des fantômes qu'on ne peut pas voir. On ne peut que les sentir."

Isaac se prépara un verre et alluma un cigare. Il plongea ses mains profondément dans les poches de sa culotte de cheval et, face à son frère, le regarda fixement.

"Je crois que tu as peur, Sim !" il a dit.

Simpson lui rendit son regard tout aussi intensément.

"Eh bien, ce n'est pas le cas!" rétorqua-t-il. "Je n'ai peur de rien, de ce que je peux voir et atteindre. Nous étions tout de même d'accord tous les deux sur le fait que c'était un endroit étrange."

" Queer ou pas queer, nous voilà, mon garçon, dans une location ridicule, et ici nous nous arrêtons ", dit Isaac. "Il faudra quelque chose dont je n'ai jamais entendu parler pour nous changer."

Une heure plus tard, il était alors neuf heures, les frères prirent une lanterne et, selon leur habitude, firent le tour des bâtiments de la ferme pour s'assurer que tout était en sécurité pour la nuit. C'étaient des jeunes hommes aisés, ces deux-là, et ils avaient amené avec eux une quantité de bétail précieux. Les écuries, les bergeries, les étables, les vacheries étaient pleines ; les porcheries étaient exploitées au maximum de leur capacité, car Simpson et Isaac croyaient dans les porcs comme moyen de gagner de l'argent. Depuis longtemps, la vieille ferme n'avait pas abrité autant de vie.

Ils allèrent d'écurie en étable, de bergerie en étable, de cote en grenier, tout était en ordre pour la nuit. Les chevaux tournèrent la tête endormie et regardèrent autour de eux la lumière jaune de la lanterne qui se balançait ; les vaches regardaient leurs propriétaires avec des yeux soyeux ; les jeunes bœufs et génisses, dans la paille des bergeries jusqu'aux genoux, regardaient paresseusement les deux inspecteurs. Au-dessus de cette vie bovine, au-dessus des hauts toits et des pignons pittoresques, flottait le bleu profond de la nuit, percé des traits de mille étoiles.

"Tout va bien", dit Isaac, alors qu'ils finissaient chez les cochons. "Au revoir, où Trippett a-t-il attaché ce nouveau chien ?"

"C'est dans la cour, je lui ai dit", répondit laconiquement Simpson.

"Jetons un coup d'oeil à lui", dit Isaac.

Il nous conduisit vers une cour pavée à l'arrière de la maison, où dans un coin près de la porte de l'arrière-cuisine se trouvait un chenil en brique. De là, au bruit de leurs pas, sortit un petit colley qui, les voyant, se mit sur le ventre et leur rendit hommage à sa manière. Isaac le considéra attentivement.

"Je n'ai jamais vu de chiens comme Trippett parvient à se procurer, Simpson", dit-il d'un ton à moitié maussade. "Pourquoi ne peut-il pas trouver quelque chose de décent à regarder ?"

"De toute façon, il dit que c'est un produit rare et bon avec des moutons", a déclaré Simpson.

"Il dit ça à propos d'eux tous", dit Isaac. "Je l'essaierai moi-même demain. Allez, je vois qu'on lui a donné à manger."

Le chien, toujours rampant, gémissait et tremblait. Il s'avança le long de sa chaîne vers les deux frères, se tortillant ridiculement, remuant la queue, regardant servilement de ses yeux bruns.

"Ça n'a pas vraiment l'air d'être épilé", commenta Isaac. "Je suppose que c'est un autre des échecs de Trippett. Allez, Sim."

Ils firent le tour de la maison, et le nouveau chien, que le berger avait acheté ce jour-là à un ami très particulier pour un souverain, frissonna et gémit tandis que la lumière disparaissait. Puis il s'est retiré dans sa niche et s'est recroquevillé... écoutant comme un enfant effrayé écoute dans une pièce isolée.

Les deux frères firent le tour de la maison par l'enclos extérieur. Tout autour d'eux s'étendait la terre, silencieuse comme l'est la mer quand aucun vent ne bouge. Il n'y avait pas un bruit à entendre, pas une lumière à voir sauf à leurs propres fenêtres. Ils restèrent un moment sous le grand dôme noir-bleu percé d'étoiles.

"C'est un endroit plutôt calme ici, Sim, la nuit", dit Isaac dans un murmure tout à fait involontaire. "Je n'en avais aucune idée———"

Crash ôta la lanterne de la main de Simpson – cette main, tremblante, convulsive, agrippait le bras de son frère comme avec des doigts d'acier.

« Mon Dieu, Isaac, qu'est-ce que c'est ! ça… là ! Il haletait.

Isaac se sentit frissonner en regardant. Juste dans l'obscurité devant lui, il vit ce qui semblait être deux boules de feu vert vif – non, du feu rouge, du feu jaune, toutes sortes de feu, brûlant, coruscant, et… fixés sur lui. Et pendant une seconde, comme Simpson, il resta fasciné ; puis avec un cri sauvage de « Un fusil, un fusil ! » il se retourna et se précipita vers le salon, suivi de son frère. Mais quand ils revinrent en courant avec leurs armes un instant plus tard, leurs yeux avaient disparu. Et de quelque part dans le bois voisin s'éleva soudain dans le profond silence de la nuit un cri étrange, tel qu'aucun d'eux n'en avait jamais entendu auparavant. C'était un long cri lamentable comme celui de quelque chose de désespéré.

Les frères, respirant fort, rentrèrent dans la maison et fermèrent la porte. Dans le salon, en se regardant, chacun vit le front de l'autre ruisselant de sueur ; chacun, après un regard, se détourna du regard de l'autre. Et chacun, comme par instinct mutuel, se versa un verre d'alcool et le but d'un trait.

"Isaac", dit Simpson, "il y a quelque chose !"

Isaac posa son arme de côté, se secoua et essaya de rire.

"Caca!" il a dit. "Nous sommes deux imbéciles, Simpson. Cela arrive parce que c'est notre première nuit ici et nous nous sentons étranges, et nous n'avons pas oublié ce que l'avocat nous a dit. C'était un renard."

"Un renard n'a pas des yeux de cette taille", a déclaré Simpson. "Et qu'en est-il de ce cri ? Tu n'as jamais entendu quelque chose de pareil, Isaac, jamais ! Moi non plus."

"Un hibou dans les bois", dit Isaac.

"Vous ne pouvez pas me tromper à propos des hiboux", répondit Simpson. "Non, ni chiens, ni renards, ni rien d'autre qui fait du bruit la nuit à la campagne. Isaac, il y a quelque chose !"

"Oh, c'est foutu !" dit Isaac. "Tu vas me faire croire que tu es aussi mauvais que l'avocat. Allez, allons nous coucher."

Et ils se sont couchés, et rien ne se passait, ils ont dormi. Mais très tôt le lendemain matin, Isaac fut réveillé par des coups bruyants à sa porte. Alors retentit la voix de la gouvernante, agitée et effrayée.

"M. Isaac, monsieur, M. Isaac, voulez-vous vous lever immédiatement, monsieur !"

"Quel est le problème?" grogna Isaac. « Est-ce que l'endroit est en feu ?

« Ce nouveau chien, monsieur, que Trippett a acheté hier – oh, j'aimerais que vous veniez vite, monsieur – nous avons si peur !

Isaac sauta soudainement hors du lit, enfila quelques vêtements et se précipita hors de sa chambre. Sur le palier, il rencontra Simpson, vêtu de la même manière que lui et très pâle.

"Je l'ai entendue", dit-il. "Allez!"

Ils descendirent les escaliers en courant et traversèrent la cuisine jusqu'à la petite cour derrière. Il y avait là un groupe de personnes effrayées : le berger, Trippett, un ou deux laboureurs, la gouvernante, la servante. Au milieu d'eux, à leurs pieds, gisait le malheureux petit colley, mort. Et ils virent d'un seul coup d'œil que sa gorge était complètement arrachée.

De retour dans la maison, les frères se regardèrent pendant une longue minute sans parler. Ils étaient tous deux très pâles, leurs yeux étaient bizarres et leurs mains tremblaient. Simpson parla le premier : sa voix était incertaine.

"Il y a quelque chose, Isaac," dit-il à voix basse. "Il ya quelque chose!"

Isaac serra les dents et serra les mains.

"Je vais y arriver, Simpson", a-t-il déclaré. "Je vais y arriver."

"Oui, mais qu'est-ce que c'est ?" dit Simpson.

"Attends," dit Isaac.

Alors commença le même cours d'événements qui avaient marqué le court séjour de leurs prédécesseurs. Les chevaux étaient effrayés dans leurs écuries ; les bœufs furent trouvés entassés et haletants dans les bergeries ; les moutons étaient chassés des terres vers les routes et les bois environnants. Et les deux frères regardaient et regardaient – et ne voyaient rien, pas même les yeux enflammés. Jusqu'à cette période de leur existence, ni Isaac ni Simpson Greaves ne savaient ce que signifiait entrer en contact avec quoi que ce soit en dehors des éléments purement matériels de la vie. Issus d'une bonne population saine qui vivait sur la terre et gagnait de l'argent avec la terre depuis des générations, ils n'avaient jamais fait autre chose que gérer leurs affaires, garder un œil avisé sur les marchés et dormir aussi confortablement qu'ils mangeaient largement. Ils étaient bien équilibrés ; ils n'étaient pas maudits par trop d'imagination ; des choses telles que les nerfs leur étaient inconnues. Mais avec leur arrivée à High Elms Farm, les choses ont commencé à changer. La frayeur perpétuelle parmi les chevaux et le bétail la nuit, dont ils ne pouvaient déterminer la cause ; l'angoisse de ne jamais savoir ce qui pourrait arriver à tout moment ; ces choses, conspirant avec la perte inévitable du sommeil, affectaient la santé et l'appétit. Simpson céda le premier ; il était un peu plus sensible à ce genre de choses que son frère, et peut-être pas aussi fort physiquement. Et Isaac s'en aperçut et devint encore plus irrité contre cette chose secrète, et d'autant plus qu'il se sentait si impuissant à la combattre.

Une nuit, les choses atteignirent leur paroxysme. Dans le silence de minuit, un tumulte éclata dans les écuries. On entendait les chevaux crier de peur ; Quand les deux frères arrivèrent près d'eux, ils découvrirent que toutes les bêtes s'étaient déchaînées et qu'ils se battaient et luttaient pour survivre afin de forcer une issue – n'importe où. Ils firent irruption par la porte qu'Isaac ouvrit, le renversèrent dans leur course folle, sautèrent le muret de la bergerie et s'enfuirent en criant dans l'obscurité des champs. Certains ont été trouvés errant dans les terres le matin ; certains ont été ramenés de villages éloignés. Mais tous refusèrent, même face à une résistance désespérée, de rentrer dans les écuries.

Quelques matins plus tard, Simpson descendit prendre son petit-déjeuner, habillé pour voyager.

"Ecoute, Isaac," dit-il, "ne pose pas de questions, mais fais-moi confiance. Je pars... à propos de cette affaire. Je serai de retour demain soir. Les choses ne peuvent pas continuer ainsi."

Puis il fit semblant de manger et s'en alla, et Isaac n'entendit rien de lui jusqu'au lendemain après-midi, quand il revint en compagnie d'un étranger, un grand homme grisonnant, semblable à un soldat, qui amenait avec lui un limier en laisse. . Au cours du repas du soir, les trois hommes discutèrent : l'étranger semblait mystérieusement sûr de pouvoir résoudre le problème jusqu'alors insoluble.

Il y avait presque la pleine lune cette nuit-là : à neuf heures, elle éclairait tout le pays. L'étranger emmena son limier dans l'enclos devant la maison et l'attacha à un pieu qu'Isaac avait préalablement enfoncé solidement dans le sol. A un mot de lui, la grande bête aboya trois fois ; les notes profondes résonnèrent et résonnèrent dans les bois silencieux. Et de quelque part dans les bois vint en réponse le long cri désespéré que les frères avaient entendu plus d'une fois et n'avaient jamais pu retracer.

"C'est ça!" s'exclamèrent-ils simultanément.

"Alors quoi que ce soit, ça arrive", dit le maître du limier. "Préparez-vous."

Il dit un mot au chien, qui s'installa aussitôt avec confiance au pied du bûcher. Lui et les frères, chacun armé d'un fusil de chasse, prirent position derrière une rangée d'arbustes en bordure du jardin et attendirent.

Quelques minutes passèrent ; alors le limier remua et gémit.

"J'arrive", dit le visiteur.

Le limier commença à grogner de façon menaçante – au clair de lune, ils le virent se hérisser.

"Tout près", dit son maître.

Dans le taillis devant eux, ils entendirent un léger bruissement semblable à celui d'un corps traîné sur des feuilles séchées. Alors--

"Les yeux!" murmura Simpson. "Regardez là!"

Dans l'obscurité du taillis, les deux yeux brillants que les frères avaient vus auparavant brillaient comme des étoiles malignes. Ils restèrent immobiles un moment ; puis, à mesure que les grognements du limier devenaient de plus en plus violents, ils avancèrent, devenant plus grands. Et bientôt, à la lumière de la lune, émergea une grande forme grise et décharnée, se poussant en avant sur son ventre, jusqu'à ce qu'enfin elle repose complètement exposée, la tête entre ses pattes, ses yeux sinistres fixés sur le chien.

"Constant!" murmura le visiteur. "Il va se lever, il se demande de quel côté l'attaquer. Attendez que je lui donne le mot."

La queue de la chose grise commença à fouetter d'un côté à l'autre ; son corps commença à trembler. Petit à petit, il se souleva du sol et commença à ramper en cercle vers le limier, déchirant maintenant follement sa chaîne. Les yeux féroces étaient tournés de biais ; il y avait une vilaine lueur de crocs blancs découverts ; le pas était celui d'une panthère. Soudain, son dos se cambra, ses membres parurent se rassembler.

"Maintenant!"

Les trois coups de feu retentirent simultanément, et la forme grise, déjà jaillissante, sursauta convulsivement et tomba en tas près du chien attaché. Il était là, immobile. Simpson Greaves alla chercher une lanterne qu'il avait gardée prête dans la maison, et les trois hommes s'approchèrent de l'animal mort et l'examinèrent. Jusqu'à ce moment-là, ils ne savaient pas vraiment ce qu'ils avaient détruit. Ils se retrouvèrent maintenant devant un grand chien de race incertaine, de taille massive, d'apparence plus loup que chien, avec une mâchoire méchante et des crocs cruels qui grogna même dans la mort. Et l'un d'eux au moins commençait à avoir une vague compréhension du mystère.

Le bruit de la fusillade avait réveillé les autres pensionnaires de la maison ; ils sont venus en courant dans le paddock pour entendre ce qui s'était passé. Là aussi arriva en toute hâte la femme de la chaumière voisine qui autrefois cuisinait et faisait le ménage pour Josiah Maidment. Et regardant la bête morte à la lumière de la lanterne, elle leva les mains avec une exclamation aiguë.

" Seigneur, c'est chiant, si ça, il n'y a pas le plus grand chien de M. Maidment ! " dit-elle. "Il est parti avec lui le matin même où il a disparu."

"Pourquoi ne nous as-tu pas dit que Maidment avait un chien ?" grogna Isaac. "Je jamais entendu parler."

"Eh bien, monsieur, je suis sûre que je n'y ai jamais pensé", dit la femme. "Mais il l'avait fait, et c'est tout, aussi sûr que je suis chrétien. C'était la bête la plus sauvage que vous ayez jamais vue - elle ne laissait personne s'approcher du vieux monsieur. Où pouvait-elle être pendant tout ce temps ?"

"C'est exactement ce que nous allons découvrir", dit le maître du limier.

Il libéra le chien de sa chaîne et, le mettant en laisse, ordonna aux frères de le suivre. Puis il mit le chien sur la trace de l'animal mort : le chien et les hommes s'enfoncèrent dans les bois profonds. Il n'y avait aucune interruption dans leur course, aucun détour, aucune perte d'odeur. L'ancien gardien de High Elms Farm avait immédiatement répondu aux aboiements de l'usurpateur. A travers des broussailles épaisses, par des sentiers à peine praticables, sous des fourrés et des buissons, les trois hommes, menés par le chien tendu, avancèrent jusqu'à arriver dans une profonde vallée dans les bois, où un rocher calcaire sortait de sous les arbres en surplomb. Ici, derrière un frein de ronce qui le cachait à quiconque dans la vallée, le chien s'arrêta dans un trou juste assez grand pour accueillir un homme adulte. À la lumière de la lanterne que Simpson avait apportée avec lui, ils aperçurent les empreintes d'un chien sur le sol meuble.

"Il y a une grotte là-dedans", dit le maître du limier. "Donnez-moi la lumière, j'entre."

"Moi aussi, alors," dit Isaac avec vigueur.

"Et moi", a déclaré Simpson.

Le tunnel menant à la grotte n'avait pas plus de quelques pieds de longueur ; ils purent rapidement se redresser et projeter la lumière autour d'eux. Et avec une peur mutuelle, ils se serrèrent les bras, car là, blotti sur le sol, gisait le corps d'un vieil homme aux cheveux gris, qui avait visiblement été frappé par la mort alors qu'il comptait sur le trésor secret dont il avait fait ce voyage. seul placer le réceptacle.

« Nous donnerons à cette pauvre brute un enterrement digne de ce nom », dit le maître du limier tandis qu'ils retournaient à la ferme. "C'était un sauvage primitif dans ses manières, mais un rare défenseur de ce qu'il considérait comme ses droits. Enterrez-le sous le grand orme."

CHAPITRE II

UN ÉTRANGER EN ARCADY

D'où venait l'animal qui devint plus tard si célèbre dans le village auquel il apporta d'abord un souffle inattendu de romantisme, à la sobre quiétude de celui-ci, personne ne le savait jamais. Son apparition était aussi mystérieuse que la chute de la pluie ou la pousse du maïs pendant la nuit ; il a dû en effet arriver pendant la nuit, car il faisait certainement partie intégrante du Petit Saint-Pierre lorsque le Petit Saint-Pierre s'est réveillé un matin. Les lève-tôt qui étaient dehors avant que les arachnéens des haies n'aient senti le premier baiser du soleil d'automne, s'apercevaient de la présence d'un cochon remarquablement maigre, qui explorait l'unique rue du village avec un nez inquisiteur, des yeux interrogateurs, et des oreilles qui battent. Il allait d'un côté à l'autre de la rue, et il était visiblement à l'affût de tout ce qui pourrait se présenter sur son chemin sous forme de nourriture. Il y avait un chêne près de l'entrée du cimetière ; l'étranger s'arrêta dessous tant qu'il resta un gland parmi les feuilles mortes. Plus loin, il y avait dans la haie du curé un pommier sauvage dont le fruit était trop amer pour le garçon le plus endurci du village ; il s'arrêtait là pour dévorer les aigreurs tombées qui gisaient dans l'herbe luisante. Mais il continuait toujours à chercher et à s'enquérir, et ses yeux devenaient de plus en plus affamés à mesure que sa démarche oscillante s'accélérait. Et arrivant enfin à une brèche dans la clôture du jardin de la veuve Grooby, il se fraya un chemin et se mit à travailler sur les pommes de terre de la femme solitaire.

Ce fut une heure plus tard que le maraudeur fut chassé de ce port de refuge, portant sur son corps maigre les marques du bâton avec lequel la veuve Grooby l'avait chassé, mais dans ses côtes la confortable conscience d'un repas copieux. Après avoir émis sa dernière protestation contre l'interrupteur, il reprit la rue, furtif et sans amis, mais cette fois avec le rythme plus lent de la chose qui avait déjeuné. La veuve Grooby le regardait avec un visage furieux.

"J'aimerais bien savoir à qui appartient cette grande bête affamée !" fit-elle remarquer à un voisin qui avait été attiré à la porte de sa chaumière par les lamentations du cochon alors qu'il quittait les lieux de ses méfaits. "Il y en avait partout dans mon jardin et sur une demi-rangée de mes meilleures pommes de terre, merde. Et ça n'aurait pas pu faire ça, Julia Green, si ton Johnny n'avait pas fait cette brèche dans ma clôture quand j'ai couru. " Il est sorti l'autre soir pour avoir mangé mes pommes d'hiver, non, ce n'est pas possible ! Je pense que votre William aurait pu combler cet écart avant maintenant, c'est ce que je pense. "

"Notre William a autre chose à faire que de réparer les lacunes", dit Mme Green d'un ton maussade. "Et l'espace était là avant que notre Johnny ne le traverse. Et ce n'est pas notre cochon de toute façon, car le nôtre est dans son enclos en ce moment même, en train de prendre son petit-déjeuner, alors là !"

Le cochon sans style et sans petit-déjeuner, inconscient de cette discussion et de ses possibilités de développement en une bonne vieille querelle de voisinage, s'avança plus loin dans la rue du village, toujours en prospection. Il y avait du monde à présent, hommes et femmes, et la porte du Renard-et-Fiddle avait été grande ouverte, et un ou deux habitués se tenaient dans la salle sablée, prenant leur verre habituel du matin. Le cochon passa par là et, en passant, tourna un nez inquisiteur vers l'odeur de la bière rassis et du tabac. Il s'avança et, tandis qu'il avançait, un homme passa la tête par la porte après lui.

"A qui est ce cochon là-bas ?" dit-il en se grattant l'oreille. "Je ne me souviens pas avoir vu ce cochon auparavant, nulle part."

Un autre homme, debout au bar, se dirigea vers la porte et regarda l'étranger. C'était un individu d'apparence curieuse, d'apparence très porcine, très rouge et gras de visage et de main, et aussi chauve qu'un homme pouvait l'être. Il portait un tablier de lin bleu par-dessus ses vêtements, et à ses côtés un formidable acier pendait à une ceinture de cuir. En bref, il était le boucher et le tueur de porcs du village, et s'intéressait professionnellement aux porcs de toutes les classes. Et il observa le cochon errant d'un œil perçant, secoua la tête et retourna à sa bière. Il connaissait tous les cochons du Petit Saint-Pierre — celui-ci venait d'ailleurs.

"Cela ne nous appartient pas", dit-il avec un reniflement de dédain. "Le cochon de Jack Londubat est le seul chez Peter qui est en mauvais état, et il est une pierre plus lourd que ce qu'est ce cochon."

"Alors ce sera un pauvre cochon !" remarqua l'autre homme. "Mais Jack n'a jamais vraiment joué un rôle dans l'alimentation des porcs."

Le cochon sans propriétaire poursuit ses explorations. Il remontait une ruelle ou deux, regardait les portes d'une ferme ici et d'une ferme là, mais revenait toujours dans la rue insatisfait. Il parvint à obtenir un déjeuner léger avec un bol d'épluchures de pommes de terre qu'une femme jeta sur la route sur son passage, mais il avait toujours faim et eut des visions d'une auge généreusement garnie de farine de porc. Et à midi, étant affamé et se souvenant de la brèche dans la clôture du jardin de la veuve Grooby, il y retourna imprudemment et, constatant que William Green ne l'avait pas encore réparé, se fraya un chemin et se lança une fois de plus dans un travail de nature destructrice.

Cette fois, la veuve Grooby, en le découvrant, ne fit aucun effort personnel pour déloger l'intrus. Elle faisait une journée d'amidonnage et de repassage, étant blanchisseuse de profession, et elle et son assistante, une jeune femme de quelques portes plus loin, étaient aussi nombreuses, dit Mme Grooby, que la femme de Throp, et ne devaient pas être interrompues par n'importe quoi ou n'importe qui.

" Tant mieux si ce sale cochon n'est pas dans mon jardin à Agen ! " s'exclama la veuve Grooby. "C'est la deuxième fois ce matin, et maintenant c'est à eux de jouer les carottes. Cependant, ce n'est pas le rôle d'une femme de ramasser du bétail errant. Martha Jane, va chez James Burton, le Pinder, et dis-lui qu'il y a un étrange cochon dans mes locaux. , et je le remercierai de venir le retirer tout de suite et de le mettre dans le pinfold, qui est sa place légale. Ceux à qui il appartient peuvent venir le payer - et ensuite je leur en parlerai. en me payant pour les dégâts causés. »

Le pinder, interrompu lors de son dîner, vint lentement et à contrecœur accomplir son devoir. Ce n'était pas chose facile de conduire un cochon égaré dans la fourrière du village ; Les chevaux, les ânes et le bétail errants n'étaient pas si difficiles à gérer, mais un cochon était une autre chose.

« À qui est ce cochon ? » s'enquit-il d'un air maussade, alors qu'il suivait Martha Jane et mâchait ses dernières bouchées. "Si c'est ce rorp-scorp déchaîné de Green, pourquoi ne le récupèrent-ils pas eux-mêmes ?"

"Alors ce n'est pas le cas", répondit Martha Jane. "C'est un animal venu de nulle part, et vous devez le mettre dans le sac tout de suite, dit Mme Grooby."

"Oh, en effet !" remarqua le pinder. "Et je me demande comment elle aimerait interrompre son dîner pour mettre des cochons en fourrière. Quoi qu'il en soit..."

Il y avait des garçons et des filles qui revenaient de l'école à ce moment-là, et M. Burton a fait appel à leurs services pour chasser le cochon errant du jardin de la veuve et le conduire au lieu d'incarcération. Comme un cochon, dès qu'il commençait à s'énerver, il montrait une puissante inclination à aller n'importe où, mais là où on le voulait. En quelques instants, la rue calme fut pleine de bruit et d'agitation.

L'épingle se trouvait à l'ombre de la vieille porte de Lych qui donnait accès au cimetière, aux ifs étalés et à l'ancienne église elle-même. Comme tout le reste, il était gris et usé par le temps, et évoquait un passé révolu depuis longtemps. Une enceinte carrée de murs gris couverts de lichen, contre l'un desquels se dressaient les ceps du village, contre l'autre les marches d'où de nombreux vieux écuyers et jeunes filles enjouées étaient montés en selle pour rentrer chez eux après l'église, son intérieur, maintenant rarement utilisé, c'était une masse de quais et d'orties ; sa porte était verte et moisie, et aurait à peine résisté à quelques coups de pied vigoureux d'un gros âne. Cependant, lorsque cette porte fut ouverte pour l'accueil des captifs, la plupart d'entre eux reculèrent.

Le cochon s'est montré aussi réticent à entrer dans la fourrière que n'importe lequel de ses nombreux prédécesseurs. Il regarda à l'intérieur, vit l'obscurité peu engageante, les orties, les quais, l'absence de quoi que ce soit dans lequel il puisse s'enraciner, et il se retourna et fit de vaillants efforts pour échapper à ses ravisseurs. Il a doublé de ceci et de cela ; il a eu du mal à sortir des virages ; il essaya de se faufiler par la porte du lych. Le Pinder, se souvenant de son dîner interrompu, cria : les garçons ont crié ; criaient les filles. Mais le cochon errant, esquivant çà et là, échappait toujours à leurs tentatives de le saisir, même s'il criait maintenant un peu et commençait à s'essouffler. Soudain, il s'effondra contre le mur du cimetière, comme épuisé.

C'est à ce moment que Miss Lavinia Dorney, qui occupait la jolie maison et le jardin près de l'église, descendit au pied de sa pelouse, attirée par l'agitation inhabituelle, et aperçut le cochon épuisé et ses bourreaux. Miss Lavinia était une vieille fille de belle présence, très noble et digne, qui se distinguait par ses châles et ses casquettes, qu'elle portait tous deux avec distinction. Elle avait l'air très imposante alors qu'elle se tenait là, à moitié cachée par la brillante haie de houx dont les bords soigneusement coupés s'accordaient si bien avec l'élégance de leur environnement, et Burton toucha sa casquette, les garçons tirèrent leurs toupets et les filles firent la révérence.

"Cher moi!" s'exclama Miss Lavinia, soulevant une paire de pince-nez élégamment montés jusqu'à l'arête de son nez aristocratique. "Cher moi, quel bruit ! Oh, c'est toi, James Burton, n'est-ce pas ? Et à quoi sert toute cette agitation ?"

"Nous voulons mettre ce cochon dans le pinfold, maman", répondit le pinder en s'essuyant le front. "Mais c'est la bête la plus contraire que j'aie jamais vue ! Elle a dévoré presque tout le potager de Maîtresse Grooby."

Miss Lavinia a regardé de plus près et a vu le fugitif.

"Cher moi!" dit-elle. "Il doit avoir faim, Burton. À qui est cet animal ?"

"Je ne sais pas, maman", répondit le pinder, sur un ton qui suggérait un manque total d'intérêt pour le sujet. "Mais ce n'est pas un cochon du Petit Pierre, il est trop maigre, il n'a que de la peau et des os dessus. C'est mon opinion, maman, il mangerait n'importe quoi, ce cochon le ferait, s'il en avait l'occasion."

"Et qui va le nourrir dans la fourrière ?" » demanda Miss Lavinia.

Burton secoua la tête. Il était beaucoup plus soucieux de se nourrir que de nourrir le cochon.

"Je ne sais pas, maman," répondit-il. "Ce ne sont pas mes affaires. Et personne ne viendra peut-être jamais pour ce cochon, et il n'a que la peau et les os comme ça."

"Le pauvre animal a besoin de nourriture et de repos", dit Mlle Lavinia avec décision. Elle s'est retournée et a appelé de l'autre côté de sa pelouse. "Mitchell, viens ici", ordonna-t-elle.

Un homme qui était visiblement un jardinier s'approcha, regardant avec curiosité. Miss Lavinia désigna le groupe qui se trouvait sur la route, sous la haie de houx.

« Mitchell, dit-elle, n'y a-t-il pas une porcherie dans la cour de l'écurie ?

Mitchell, cocher, jardinier, factotum général dans le petit établissement de Miss Lavinia, se fit une idée de ce que voulait dire sa maîtresse et faillit haleter. Un cochon dans ses conserves scrupuleusement conservées !

"Eh bien, madame," dit-il en se frottant le menton, "il y a certainement un orgelet, madame. Mais il n'a jamais été utilisé depuis notre arrivée ici, madame."

"Alors nous allons l'utiliser maintenant, Mitchell", a déclaré Miss Lavinia. "Il y a un pauvre animal qui a besoin de repos et de rafraîchissement. Burton et les plus grands garçons vous aideront à le conduire, et Burton peut avoir une pinte de bière, et les garçons quelques pommes. Assurez-vous que le cochon a de la paille ou du foin, ou tout ce qui convient, Mitchell, et nourrissez-le bien. Maintenant, vous tous, les plus petits, courez chez vous pour vos dîners.

Personne n'a jamais songé à remettre en question un ordre émis par Miss Lavinia Dorney, et le cochon errant fut bientôt hébergé en toute sécurité dans une étable qui n'avait certainement jamais été utilisée auparavant.

"Beau nouveau travail pour toi, Mitchell !" » dit Burton autour d'une cruche de bière dans la cuisine. "Et si vous voulez un conseil, gardez la bête attachée, c'est un bon animal pour les jardins."

"Tu ne sais pas de quelle direction il vient ?" » demanda Mitchell avec inquiétude.

"Pas moi!" répondit le pinder. "Pourquoi?"

"Rien", a déclaré Mitchell. "Au moins, si tu le faisais, j'enverrais mon fils sur la route pour s'enquérir de lui. Il doit appartenir à quelqu'un, et je ne veux pas de cochons dans mon écurie. Et tu sais ce que c'est que la miss ?— si elle s'intéresse à quelque chose, eh bien... "

Mitchell termina par une grimace expressive et Burton hocha la tête avec sympathie. Puis il se souvint de son dîner et partit en toute hâte, et le jardinier, qui n'avait pas élevé de porcs depuis de nombreuses années, demanda au cuisinier une autre cruche de bière pour l'aider à se rappeler quelle était réellement la nourriture de base de ces animaux. Au fur et à mesure qu'il en consommait, ses idées sur le sujet devenaient de plus en plus généreuses, et lorsque Miss Lavinia Dorney se rendit dans la cour des écuries après le déjeuner pour voir comment se portait son dernier protégé, elle trouva le nouveau venu vivant et logé dans un style qui lui convenait. il en avait peut-être rêvé lui-même, mais il ne s'y attendait certainement pas deux heures auparavant.

"Je suis heureuse de voir que vous avez rendu la pauvre chose si confortable, Mitchell", a déclaré Miss Lavinia. "Bien sûr, tu comprends ce dont les porcs ont besoin ?"

"Oh, oui, madame !" répondit Mitchell. " Ce qu'un beau porc comme celui-là veut, c'est beaucoup de bonne paille de blé pour se reposer, et la meilleure farine de porc, c'est-à-dire des pois, des haricots, du maïs et autres choses semblables, madame, et des pommes de terre bouillies, et ce n'est pas le cas. le pire pour une bonne purée chaude de temps en temps. Ce sont de très bons mangeurs, c'est du cochon, madame, et ils sont aussi peu communs."

"Tu ne penses pas que c'est un cochon très maigre, Mitchell ?" demanda la maîtresse.

"Oui, madame, il est d'une maigreur rare", répondit Mitchell. "Je devrais dire, madame, que ce cochon savait ce que c'était d'avoir faim."

"Pauvre chose!" » dit Miss Lavinia. "Eh bien, veillez à ce qu'il ait à manger à volonté, Mitchell. Bien sûr, je dois faire de la publicité pour son propriétaire. Vous êtes sûr qu'il n'appartient à personne dans le village ?"

"Je suis certain que non, madame!" répondit Mitchell. "Il n'y a pas d'autre cochon dans le Petit Saint-Pierre aussi maigre que lui. Ni dans le Grand Saint-Pierre non plus, madame", ajouta-t-il après coup.

"Eh bien, comme son ou ses anciens propriétaires semblent l'avoir négligé", dit Miss Lavinia avec une fermeté sévère, "je vais bien le nourrir avant d'annoncer qu'il a été retrouvé. Alors veillez-y, Mitchell. Et au revoir, Mitchell, tu ne penses pas qu'il est très sale ?

Mitchell observa le cochon. Son regard était expressif.

"Je pense qu'il a dû dormir dehors, madame," répondit-il. "Quand un animal est sans abri, il est choquant d'être négligé."

"Tu ne pourrais pas le laver, Mitchell ?" suggéra Miss Lavinia. "Je suis sûr que ça lui ferait du bien."

Mitchell lui caressa le menton.

"Eh bien, madame," dit-il, "je n'ai jamais entendu parler d'un cochon lavé à moins que ce ne soit pour le spectacle ou après qu'il ait été tué, madame, mais j'ose dire que je pourrais, madame. Dès que J'ai une heure devant moi, madame, continua-t-il, je vais demander à mon fils de m'aider, nous prendrons de l'eau chaude et nous tournerons sur lui le plus gros tuyau d'arrosage de la petite cour. enlevez-le, madame ! »

Miss Lavinia approuva cordialement cette proposition et s'en alla, et Mitchell remarqua que personne ne savait jamais ce qu'une journée ne pouvait pas produire, et alla fumer dans la partie la plus isolée du jardin. Plus tard dans l'après-midi, lui et son fils effectuèrent les ablutions du cochon, et le jeune Mitchell, remarquant qu'il ne servait à rien de faire les choses à moitié, sortit de l'arrière-cuisine une grosse brosse à récurer et polit si bien l'animal qu'il avait l'air de venait d'être tué et échaudé. Miss Lavinia, allant le voir le lendemain matin lors de sa tournée habituelle des écuries et de la basse-cour, fut ravie de son changement d'apparence et loua sans réserve son jardinier.

Mitchell, cependant, n'était pas tellement amoureux de son nouveau métier qu'il prétendait être en présence de sa maîtresse. D'une part, il était alors très occupé dans le jardin ; d'autre part, le cochon commençait à faire de plus en plus appel à son temps. Il développa rapidement, ou plutôt manifesta, un appétit des plus extraordinaires, et par une prescience presque malveillante découvrit qu'il lui suffisait d'appeler haut et fort pour tout ce qu'il voulait pour que ses désirs soient immédiatement satisfaits. Personne qui aurait eu le hasard de voir son entrée dans le Petit Saint-Pierre ne l'aurait reconnu au bout de quinze jours. Ses côtes n'étaient plus visibles ; il commençait à avoir une certaine largeur sur le dos ; ses yeux pétillants disparaissaient dans ses joues. La facture hebdomadaire pour sa nourriture et son logement s'élevait à un chiffre considérable en shillings, mais Miss Lavinia ne la posait ni ne la contestait ni ne se plaignait. Elle était ravie des progrès du cochon et croyait qu'il la reconnaissait. Il y avait un regret distinct dans sa voix lorsqu'un matin elle remarqua :

"Maintenant que l'animal va tellement mieux après ses pérégrinations, Mitchell, je pense que nous devons faire de la publicité pour son propriétaire. Il sera sans aucun doute heureux de se voir restituer sa propriété. Je rédigerai l'annonce aujourd'hui et je l'enverrai. au journal."

Mitchell lui caressa le menton. Il avait des idées différentes — ses propres idées.

"Je ne pense pas que cela soit nécessaire, madame", a-t-il déclaré. " J'ai fait une enquête sur ce cochon, et j'ai plutôt l'impression de savoir de qui il s'agit, puisqu'il appartient légitimement. Si vous me le laissez faire, madame, je pense que je peux le découvrir avec certitude, sans publicité à son sujet."

"Très bien, Mitchell", approuva Miss Lavinia. Puis elle ajouta, avec une certaine nostalgie : "J'espère que son propriétaire sera heureux de le retrouver."

"Je ne pense pas qu'il y ait beaucoup de doute là-dessus, madame", dit Mitchell en jetant un coup d'œil au cochon, qui à ce moment-là se gavait de son troisième petit-déjeuner. "Je pense que tout le monde serait heureux de voir un cochon comme celui-là rentrer à la maison aussi bien que lui."

"Et si magnifiquement propre, Mitchell, grâce à vous", a déclaré Miss Lavinia.

Mitchell répondit modestement qu'il avait fait de son mieux, et lorsque sa maîtresse fut entrée dans la maison, il frappa le dos du cochon juste pour montrer qu'il avait de meilleures idées qu'auparavant.

« Tant mieux si je ne fais pas encore quelque chose de toi, mon brave garçon ! il a dit.

Ce soir-là, après avoir dîné, Mitchell enfila son deuxième meilleur costume et alla rendre visite à un petit fermier qui habitait dans une ruelle isolée à environ trois milles de là. Il a passé une heure ou deux très agréables avec le fermier et est reparti plein de ce bonheur paisible qui attend toujours ceux qui font de bonnes actions et élaborent des projets bien conçus pour réussir.

"Cela lui sera bénéfique et cela me sera bénéfique", pensa-t-il en rentrant chez lui, fumant un cigare de deux penny que le petit fermier lui avait pressé dans la plénitude de sa gratitude. "Et si ce n'est pas ainsi que les choses devraient être, eh bien, je suis Néerlandais !"

Le lendemain, tandis que Miss Lavinia était assise dans sa chambre, en train de parcourir les comptes hebdomadaires, la femme de chambre annonça l'arrivée d'une personne qui disait qu'elle était venue à propos du cochon. Miss Lavinia regarda d'un air dubitatif la propreté du tapis en lin et demanda à la femme de chambre si les bottes de la personne semblaient propres. Comme il s'agissait d'une matinée glaciale et lumineuse, la femme de chambre considéra que la personne était apte à être admise et l'amena - un homme aux yeux fuyants avec une touffe de cheveux roux qui se baissait et grattait Miss Lavinia comme s'il éprouvait une étrange joie en la rencontrer.

"Alors tu es venu pour le cochon que j'ai trouvé !" » dit agréablement Miss Lavinia. "Tu as dû être vraiment désolé de le perdre."

L'appelant leva les yeux vers le plafond, l'examina attentivement, puis contempla l'intérieur de son vieux chapeau.

"J'étais désolé, maman", dit-il. "C'était un animal vallyble, là, maman, c'est un animal bien élevé."

"Mais c'était tellement mince et sale quand il s'agissait de moi", a déclaré Miss Lavinia avec emphase. "Péniblement maigre, et donc très, très sale. Mon jardinier a été obligé de le laver à l'eau chaude."

L'homme se gratta la tête, puis la secoua.

"Ah, je le pense, maman!" il a dit. " Bien sûr, quand un cochon s'éloigne de sa propre maison, c'est comme un homme qui vagabonde : il ne prête pas attention à lui-même. Maintenant, quand je l'ai eu, ah ! — eh bien, c'était une image. , et sans erreur."

"Vous allez le voir maintenant", a déclaré Miss Lavinia, qui a senti que les derniers mots de l'appelant contenaient une sorte de défi. "Vous verrez que nous ne l'avons pas négligé pendant son séjour ici."

Elle nous conduisit vers la cour des écuries, où le cochon choyé se délectait de la meilleure paille de blé et prenait tranquillement son petit déjeuner – même Miss Lavinia l'avait remarqué, maintenant qu'il était sûr de ses repas, et autant il en mangeait à sa guise, avec une insouciance seigneuriale. Il leva les yeux – l'homme aux cheveux roux baissa les yeux. Et il sursauta soudain et poussa un sifflement aigu.

"Oui maman!" dit-il avec conviction. "C'est mon cochon, je le connais aussi bien que je connais ma propre femme."

"Alors, bien sûr, vous devez l'avoir", a déclaré Miss Lavinia. Il y avait une pointe de regret dans sa voix : le cochon était déjà devenu un élément de l'écurie et elle croyait qu'il connaissait sa bienfaitrice. « Je suppose, » continua-t-elle, « que vous avez beaucoup de cochons ?

"Il y en a quelques-uns, maman", répondit l'homme.

"Est-ce que vous... je pensais peut-être que, comme vous en avez d'autres, et celui-ci semble s'être installé ici, vous pourriez être enclin à... en fait, à me le vendre ?" dit précipitamment Miss Lavinia.

Le roux se gratta une fois de plus la tête.

"Eh bien, bien sûr, maman, les porcs sont destinés à la vente", dit-il. "Mais ce cochon, c'est une race rare et raffinée. Qu'est-ce que tu offrirais pour lui, maman, tel qu'il est?"

A ce moment le cochon, plein de nourriture et tout à fait heureux, poussa plusieurs grognements de satisfaction et commença à frotter son groin contre la porte de l'étable. Miss Lavinia a pris sa décision.

"Considérez-vous que dix livres constituent une somme convenable ?" » demanda-t-elle timidement.

L'homme aux cheveux roux détourna la tête comme pour examiner cette proposition en privé. Lorsqu'il se retourna, son visage était très solennel.

"Eh bien, bien sûr, maman," dit-il, "bien sûr, comme je l'ai dit, c'est un animal vallyble, c'est ça, mais comme tu l'as nourri depuis qu'il a été trouvé et que tu l'aimes bien, nous' Je vais dire dix livres, maman, et voilà!"

"Alors si vous entrez dans la maison, je vous donnerai l'argent", dit Miss Lavinia. "Et vous pouvez être assuré que nous traiterons bien le cochon."

"J'en suis sûr, maman", a déclaré le vendeur. "Et très joli en train de manger, tu le retrouveras quand son heure viendra."

Puis il récupéra son argent, but une cruche de bière, et s'en alla, très joyeux, et sur le chemin du retour, il rencontra Mitchell, qui était allé au bourg dans la charrette légère et qui s'arrêta sur la route. côté à sa vue.

L'homme aux cheveux roux fit un clin d'œil entendu au jardinier.

"Bien?" dit Mitchell.

"Très bien", répondit l'autre. Il fit encore un clin d'œil.

Mitchell commença à paraître inquiet.

"Où est le cochon ?" Il a demandé.

"Où je l'ai trouvé", répondit l'homme aux cheveux roux. "Dans l'étable."

"Pourquoi ne l'as-tu pas emporté ?" » demanda Mitchell. "Tu as dit que tu le ferais."

L'homme aux cheveux roux fit à nouveau un clin d'œil et sourit largement.

"Je l'ai vendu", dit-il. "Je l'ai vendu à votre demoiselle. Pour dix livres."

Il frappa sa poche et Mitchell entendit le tintement des souverains. Il a failli tomber de son siège.

"Je l'ai vendu !... à notre missis !... pour dix livres !" il s'est excalmé. "Vous... eh bien, ce n'était pas à vous de le vendre !"

"N'est-ce pas ?" dit l'homme aux cheveux roux. "Eh bien, tu te trompes, Mestur Mitchell, parce que c'était le cas. Je l'ai su dès que je l'ai vu, parce qu'il avait une marque à l'oreille gauche que je lui ai donnée moi-même. Et comme ta demoiselle l'avait fait J'en ai pris goût et m'en a offert dix livres, alors, bien sûr, je l'ai prise au mot. Quoi qu'il en soit, conclut-il en mettant la main dans sa poche, comme vous m'avez mis sur le sujet, je Personne ne sera indifférent, et je ferai le beau avec vous.

Sur ce, il déposa une demi-couronne sur le panneau anti-éclaboussures du chariot léger, cligna de nouveau de l'œil et, avec un joyeux adieu, s'éloigna à grands pas, laissant le jardinier dégoûté regarder la maigre récompense de ses intrigues.

CHAPITRE III

L'HOMME QUI N'ÉTAIT PERSONNE

je

Ce fut l'une des plus belles matinées de ce merveilleux printemps, et Miriam Weere, lorsqu'elle vit le soleil tomber sur le verger devant sa maison et qu'elle entendit le tourbillon de la rivière brune se mêler au murmure des abeilles. dans leurs ruches sous les pommiers, bien décidée à faire sa journée de travail dehors. Le travail de la journée consistait à laver le linge sale de la semaine, ce qui n'était pas une grande tâche pour une jeune femme de vingt-cinq ans, dont les bras étaient aussi musclés que son visage de bohémienne était beau. Miriam ne s'est donc pas empressée de le commencer : en plus, il y avait le bébé de dix-huit mois à laver, à habiller et à nourrir. Il s'est réveillé d'un sommeil matinal alors qu'elle terminait son petit-déjeuner et a commencé à lui faire des demandes bruyantes. Elle s'occupa de lui pendant l'heure suivante, riant joyeusement de sa ressemblance avec son père, le grand Michael aux cheveux blonds et aux yeux bleus ; puis, le portant jusqu'à l'herbe du verger parsemée de pâquerettes, elle le déposa sous un pommier et le laissa s'agripper au blanc, à l'or et au vert qui l'entourait pendant qu'elle disposait ses lavoirs à quelques mètres. loin.

Miriam Weere n'a jamais eu de soucis au monde. Ses cheveux brillants, noirs comme le plumage de la poitrine d'une tour, ses yeux noisette clairs, ses joues rougeoyantes, les courbes rondes et pleines de sa belle silhouette, combinés à la rapidité et à l'activité de ses mouvements, prouvaient qu'elle possédait un style grossier et splendide. santé. Il n'y avait qu'un autre être humain à Ashdale qui pouvait rivaliser avec elle en termes d'apparence ou de beauté : son mari, Michael, un géant de plus de six pieds, qui, comme elle, n'avait jamais su ce que c'était que d'avoir un animal. maladie du jour. La vie de ces deux-là dans leur chaumière près du petit Ash était un perpétuel cycle de bonne humeur, de bon appétit et de sommeil profond. Il n'y avait pas non plus de raison pour qu'ils pensent au lendemain, c'est-à-dire indûment. Plus haut dans la vallée, situé sur un plateau verdoyant au bord de la rivière, se trouvait le moulin Ashdale, entre les pierres supérieures et inférieures duquel passait la plupart des céréales cultivées dans le quartier. Et Ashdale Mill était la propriété de Tobias Weere, le père de Michael, qui était connu pour être un homme riche, et un jour Michael aurait...

C'était la seule question qui faisait parfois froncer les sourcils à Miriam. Qu'aurait Michael à la mort du vieux Tobias ? Le moulin, le moulin, le jardin et le verger qui l'entouraient, deux ou trois acres de terre à côté, et les droits de pêche sur la rivière depuis Ashdale Bridge jusqu'à Brinford Meadows appartenaient entièrement à Tobias, qui avait acheté la pleine propriété de cette propriété désirable. lorsqu'il a acheté le fonds de commerce de l'entreprise vingt ans auparavant. Il n'avait que deux fils pour succéder à ce qu'il laissait : Michael et Stephen. Michael était maintenant surintendant général, gérant, voyageur, un travailleur acharné et infatigable, aussi prêt à donner un coup de main avec le grain et la farine qu'à écrire les lettres et à tenir les livres. Stephen, en revanche, était un fainéant. Il aimait plus l'auberge du village que le moulin, et aller aux courses ou aux matchs de cricket plutôt que de s'occuper des affaires. Il était aussi quelque peu enclin à la convivialité, qui dégénérait souvent en intempérance, et il avait récemment épousé la fille du publicain, une fille voyante et affichante que Miriam détestait profondément. Compte tenu de la différence qui existait entre les deux frères, il semblait à Miriam qu'il serait tout à fait injuste de partager les choses à parts égales entre eux, et elle l'avait dit plus d'une fois à Michael. Mais Michael secouait toujours la tête.

"Partagez et partagez", a-t-il déclaré. "Je ne demande pas plus juste, ma fille."

"Alors," répondit-elle, "si c'est comme ça, tu dois essayer de racheter Stephen, car il ne fera jamais de bien."

"Ah, c'est plutôt ça !" dit Michel.

Miriam pensait à ces choses en plongeant ses bras forts dans la mousse de savon mousseuse et en écoutant son bébé roucouler sous les pommiers. La veille au soir, un voisin lui avait parlé d'une escapade dans laquelle Stephen avait été mêlé, et son informateur avait ajouté de manière significative qu'il était facile de voir où irait la part de Stephen dans l'argent du vieux Toby une fois qu'il en aurait la gestion. Miriam a décidé que lorsque Michael, qui était en voyage d'affaires dans une autre partie du pays, reviendrait à la maison, elle lui parlerait une fois de plus de la possibilité de s'entendre avec son frère. Elle n'était pas le genre de femme à voir une entreprise florissante menacée, et elle n'oublia jamais qu'elle était la mère du premier-né de Michael. Un jour peut-être, elle le verrait maître du moulin.

Hormis le murmure de la rivière coulant au bord du jardin sous les aulnes et les saules en surplomb, et le bourdonnement perpétuel des insectes dans les arbres et les buissons, la matinée était très calme et langoureuse, et des bruits plus forts se propageaient au loin. Et Miriam fut soudain consciente du clap-clap-clap de pieds humains solidement chaussés qui dévalaient l'étroite ruelle qui longeait le verger. Quelque chose dans le bruit annonçait un trouble : elle s'essuyait déjà les mains et les bras sur son rude tablier, lorsque le portillon s'ouvrit et qu'une jeune fille, rouge, haletante, entra sous le rose et le blanc des arbres fruitiers.

"Qu'est-ce qu'il y a, Eliza Kate ?" » demanda Miriam.

La jeune fille posa la main sur son côté.

"C'est... ça... oh... maître !" elle haletait. "Margaret Burton pense qu'il va mal – un accident vasculaire cérébral. Et s'il vous plaît, allez-y vite."

"Regardez l'enfant", dit Miriam sans lui jeter un regard. "Et ramène-le avec toi."

Puis elle s'engagea d'un pas rapide dans l'allée escarpée et pierreuse qui menait à Ashdale Mill. L'atmosphère qui y régnait n'évoquait rien de mort : le vieil endroit était gai de vie estivale, et la roue du moulin jetait des diamants liquides au soleil à chaque révolution. Miriam n'a rien vu de tout cela ; elle se précipita dans le moulin et dans le salon. Pour la première fois peut-être de sa vie, elle était consciente d'un désastre imminent – pourquoi ou quoi, elle n'aurait pas pu le dire.

Le vieux Tobias était allongé dans son fauteuil, très blanc et usé ; sa gouvernante, la vieille Margaret Burton, se tenait à ses côtés, tenant une tasse. Elle soupira de soulagement lorsque Miriam entra.

"Eh, je suis contente que vous soyez venue, Maîtresse Michael !" dit-elle. "J'ai peur que Maître ait eu une attaque. Il est devenu pédé tout d'un coup."

"Avez-vous fait venir le médecin ?" demanda Miriam en s'approchant du vieil homme et en lui prenant la main.

"Oui, un des gars du moulin est parti en toute hâte sur le vieux poney", répondit la gouvernante. "Mais j'ai peur——"

Tobias ouvrit les yeux et, voyant Miriam, parut la reconnaître. Ses lèvres grises bougèrent.

"'C'est un accident vasculaire cérébral !" murmura-t-il faiblement. "C'est la fin. Miriam, je veux te dire... résumé, ma fille."

Miriam comprit qu'il avait quelque chose à lui dire seule, et elle fit signe à la gouvernante de sortir du salon.

"Il y a une goutte d'eau-de-vie dans le placard là-bas", dit Tobias lorsque la porte se fut fermée sur lui et sa belle-fille. "Donnez-moi un souper, ma fille, ça me tiendra éveillé jusqu'à l'arrivée du médecin. Il y a une chose que je dois faire alors. Miriam!"

"Oui père?"

"Miriam, tu es une femme intelligente et forte", continua le vieil homme après avoir bu une gorgée de cognac. "Je dois te dire que personne ne le sait, et tu devras le dire à Michael quand je serai parti - je n'ose pas le lui dire."

Le cœur de Miriam fit un bond et parut s'arrêter ; un gonflement soudain lui saisit la gorge.

"Le dire à Michael ?" dit-elle. "Oui père."

"Miriam... écoute. Michael… il n'était pas… il n'était pas né dans le mariage !"

La femme de Michael était une femme à la perception vive. Le sens complet des paroles du vieil homme lui tomba dessus avec la force d'un orage qui s'abat sans prévenir sur une paisible campagne. Elle ne dit rien et le vieil homme lui fit signe de lui donner encore du cognac.

"Je ne suis pas né dans le mariage", répéta-t-il, "et est donc bien sûr illégitime et ne peut pas hériter du mien maintenant. C'était comme ça", continua-t-il, rassemblant des forces grâce au stimulant. "Sa mère et moi ne nous sommes mariés qu'après sa naissance - nous nous sommes mariés juste avant de venir ici. Nous venions de très loin - personne ne le sait dans cette région. Et bien sûr, le vrai nom de Michael est Michael. Oldfield – le nom de sa mère – et, selon la loi, Stephen prend tout. »

"Stephen prend tout !" répéta-t-elle d'une voix sourde.

Les yeux du vieux Tobias Weere brillaient dans le gris cendré de son visage et ses lèvres se courbaient avec la vieille ruse que Miriam connaissait bien.

"Mais j'ai réglé les choses", dit-il avec une horrible tentative de sourire, "J'ai réglé les choses ! Je ne voulais pas le faire jusqu'à la fin, parce que les gens parleraient, et je peux Je ne supporte pas de parler. J'ai fait un testament laissant la moitié de mes biens à mon fils, Stephen Weere, l'autre moitié à Michael Oldfield, autrement connu sous le nom de Michael Weere, o' Millrace Cottage, Ashdale, i' e ' comté--"

Le visage du vieil homme pâlit soudain et Miriam porta encore du cognac à ses lèvres. Au bout d'un moment, il désigna un trousseau de clés posé sur la table à côté de lui, puis un ancien bureau qui se trouvait dans un coin sombre du salon. "C'est dans le tiroir du haut, dans le testament", murmura-t-il. "Sortez-le, ma fille, et déposez les choses à écrire sur la table. Le docteur et James Bream en seront témoins, et alors tout sera en ordre. Parce que, voyez-vous, quelqu'un pourrait tomber par hasard. Je connaissais le secret, et je révélais que Michael était né avant notre mariage, et ensuite… »

Enrhumée par la surprise et l'horreur de cette nouvelle, Miriam prit les clés et se dirigea vers l'ancien bureau. Là, dans le tiroir du haut, se trouvait une feuille de parchemin. Elle connaissait peu les questions de droit, mais elle vit que cela avait été écrit par une main expérimentée. Elle l'a posé sur la table avec une plume, de l'encre et du papier buvard, en silence.

"Un avocat de Londres, qui n'a posé aucune question, a dessiné ça là-bas", murmura Tobias. "Je ne veux rien d'autre que signer et témoigner et fixer le rendez-vous. Pourquoi le docteur ne vient-il pas, et Jim Bream sur le vieux poney ? Allez à la porte de la maison, ma fille, et voyez si vous pouvez les voir arriver."

Miriam sortit sous le porche pavé et, protégeant ses yeux douloureux, regarda le jardin. Eliza Kate était arrivée avec le bébé et l'allaitait sous les lilas. Il aperçut sa mère, lui tendit les bras et lui éleva la voix. Miriam n'y prêta aucune attention : son cœur était lourd comme les pierres grises sur lesquelles elle se tenait.

Elle attendit quelques minutes, puis deux personnages à cheval apparurent au fond de l'allée, et elle retourna vers le salon. Et sur le seuil, elle s'arrêta, et sa main monta jusqu'à sa poitrine avant de se diriger vers la chaise du vieillard. Mais le premier regard lui avait dit ce que le second confirmait. Tobias était mort.

Miriam hésita un instant. Puis elle traversa le salon à grands pas et, saisissant le testament non signé, le plia en un format plus petit et le glissa dans les plis de sa robe.

II

C'était un sujet d'émerveillement pour tout le monde, et pour personne plus que pour son mari, que Miriam paraisse si affectée par la mort de son beau-père. Ce n'était pas qu'elle faisait des démonstrations de chagrin, mais qu'une tristesse inhabituelle semblait l'envahir. Jamais gay au sens féminin du terme, elle avait toujours été légère et pleine de sourires et de rires ; pendant les premiers jours qui suivirent la disparition du vieux Tobias, elle s'acquittait de ses fonctions avec un front plissé, comme si quelque souci soudain s'était emparé d'elle. Michael l'a vu et s'est demandé ; il avait respecté son père et entretenait pour lui une affection filiale, mais sa mort ne l'a pas troublé au point de lui couper l'appétit ou de troubler son sommeil. Il s'aperçut bientôt que Miriam mangeait peu : il devina bientôt qu'elle dormait mal. Et le quatrième jour après son retour précipité à la maison, la veille des funérailles, il posa sa grande main sur son épaule alors qu'elle se penchait sur le berceau de l'enfant et se retourna pour lui faire face.

"Qu'est-ce qu'il y a, ma fille ?" dit-il gentiment. " Y a-t-il quelque chose qui ne va pas ? Vous êtes aussi silencieux qu'une tombe, et vous ne mangez pas et ne dormez pas. La mort du vieux père ne peut pas faire cette différence. Il était vieux, très vieux, et il est bien mieux loti. "

"Il y a tellement de choses à penser en ce moment", répondit-elle évasivement.

Michael, semblable à un homme, s'est trompé sur ce qu'elle voulait dire.

"Oh, oui, bien sûr, ma fille," acquiesça-t-il. "Demain sera une journée bien remplie, bien sûr, car je pense qu'il y aura la moitié de la campagne ici à l'enterrement, et, bien sûr, ils attendent tous un rafraîchissement. Cependant, il n'y aura pas de repos, et, après tout, ils n'auront besoin que d'un verre de vin et d'un biscuit funéraire. Et quant au dîner funéraire, eh bien, il n'y aura que toi et moi, et Stephen et sa femme, et ton père et ta mère, et Le père et la mère de l'épouse de Stephen, ainsi que l'avocat."

"L'avocat!" s'exclama Miriam. "Quel avocat ?"

"Quel avocat ? Pourquoi, M. Brooke, o' Sicaster, bien sûr", répondit Michael. "Qui d'autre?"

"Pourquoi vient-il ?" demanda Miriam.

"Vous venez ? Viens, ma fille, ton esprit s'emballe", dit Michael. "Pourquoi les avocats viennent-ils aux funérailles ? Pour lire le testament du père, bien sûr !"

"Y a-t-il un testament ?" elle a demandé.

"Fait il y a cinq ans, a déclaré M. Brooke cet après-midi", a-t-il répondu.

"Tu sais ce qu'il y a dedans ?" elle a demandé.

Michael a ri – il a ri fort.

"Non, viens, mon amour!" il a dit. "Sachez ce qu'il y a dedans ! Eh bien, personne ne sait ce qu'il y a dans un testament jusqu'à ce que l'avocat le descelle et le lise après le dîner funéraire."

"Je ne savais pas", dit-elle avec indifférence.

"Mais, bien sûr, ce n'est ni ici ni là", a déclaré Michael ; " et je dois m'absenter pour faire quelques dernières dispositions. Si vous avez trop de travail demain, Miriam, vous devrez faire venir une autre femme du village. "

"Il n'y aura pas trop de travail, Michael," répondit-elle.

Dans son cœur, elle aurait souhaité qu'il y ait plus de travail, un travail qui l'empêcherait de penser au secret que le mort lui avait laissé. Cela lui avait profondément rongé l'âme et était devenu un tourment perpétuel, car c'était une femme d'un grand sentiment religieux et d'idées strictes du devoir, et elle ne savait pas où était son devoir dans ce cas. Elle connaissait Michael pour un homme fier, sur qui la nouvelle de son illégitimité tomberait comme la foudre tombe sur un chêne parvenu à l'orgueil de sa maturité ; elle savait aussi qu'il maudirait son père pour le tort causé à sa mère, qu'il aimait passionnément. Encore une fois, si elle disait la vérité, Michael serait privé de tout. Car Étienne n'aimait pas son frère, et la femme d'Étienne détestait Miriam. Si Stephen et sa femme entendaient la vérité et la prouvaient, Michael ne serait plus personne. Car après tout, Tobias n'avait pas eu le temps de se racheter.

Et maintenant, il y avait la nouvelle de ce testament détenu par l'avocat Brooke ! Que pouvait-il y avoir dedans, et comment se faisait-il que Tobias n'en ait pas parlé ? Se pourrait-il qu'il l'ait oublié ? Elle savait que depuis quelques années il était plus ou moins excentrique, sujet aux humeurs et aux accès de passion, mais à aucun moment son comportement n'aurait permis de soupçonner que son esprit était affecté ou même embrumé. Eh bien, elle ne pouvait rien faire d'autre que de remettre l'affaire à demain, lorsque le testament du mort serait lu.

En tant qu'épouse du fils aîné, Miriam était l'hôtesse le lendemain, et tous ceux qui la voyaient s'émerveillaient de deux choses : premièrement, l'extraordinaire pâleur de ses joues habituellement vivement teintées ; l'autre, la manière tranquille avec laquelle elle s'acquittait de ses fonctions. Elle était ici, là et partout, veillant au confort des invités funéraires ; mais elle parlait peu, et des yeux attentifs auraient dit qu'elle bougeait comme dans un rêve. Au dîner funéraire, elle mangea peu ; c'était un effort pour réduire ce peu. À mesure que l'heure de la lecture du testament approchait, elle pouvait à peine cacher son agitation, et quand ils furent enfin tous réunis dans le meilleur salon pour entendre le testament de Tobias, elle fut heureuse de s'asseoir à une table sous laquelle elle pouvait cacher ses doigts tremblants.

Elle se demandait pourquoi M. Brooke mettait si longtemps à nettoyer ses lunettes, si longtemps à siroter son verre de porto, si lent à briser le sceau de la grande enveloppe qu'il avait tirée de sa poche, pourquoi il fredonnait et avait fait ainsi. avant de commencer à lire. Mais enfin il commença....

Il s'agissait d'un testament rédigé brièvement et dont le sens était très clair. Ayant des raisons, expliqua-t-il, d'être très mécontent de la conduite de son fils cadet, Stephen, et de croire qu'il ne ferait que gaspiller une fortune si on la lui laissait, Tobias laissa tout ce dont il mourut en possession de son fils aîné. , Michael, à condition que Michael garantisse à Stephen, à compter du décès de Tobias, une somme de trois livres par semaine, à laquelle une somme supplémentaire d'une livre par semaine pourrait être ajoutée si la conduite de Stephen était de nature à satisfaire Michael. . Si Stephen mourait avant son père, Michael devait verser une allocation similaire à sa veuve.

Les diverses émotions qui avaient agité Miriam furent presque oubliées par elle dans le tumulte qui suivit. La femme de Stephen, son père et sa mère se sont mis à dénoncer bruyamment le testament ; Stephen lui-même, après avoir regardé l'avocat pendant un moment, comme s'il ne pouvait pas croire le témoignage de ses propres yeux ou oreilles, frappa violemment la table et sauta sur ses pieds.

"C'est un foutu mensonge !" il cria. Et il fit mine de lui arracher le testament et de le mettre en pièces. M. Brooke le replaça calmement dans sa poche et sirota tout aussi calmement son porto.

"Au contraire, mon ami", dit-il. "Et... c'est la volonté de ton père."

"Père!" ricana la mère de la femme de Stephen. "Un gentil père pour——"

Michael se leva d'un geste qui amena le silence.

"Rien de cela!" il a dit. "Qui est le maître ici ? Je le suis ! Dites un mot contre mon père décédé, chacun d'entre vous, et par Dieu ! Allez-y, au coude à coude, homme ou femme. Maintenant, alors, vous m'écouterez. Je suis Je dois dire, avec tout le respect que je lui dois, que je ne suis pas d'accord avec cette volonté de mon père. Ma femme ici me confirmera quand je dirai que mon idée concernant Stephen et moi entrant dans sa propriété était de partager et partager de la même manière. Il semble que mon père avait d'autres idées. Cependant, tout est maintenant à moi – je suis le maître. Maintenant, un homme peut faire ce qu'il veut avec les siens. Alors écoute, Stephen. Abandonnez cette boisson, ce jeu, et ainsi de suite. -comme, et reviens travailler et deviens un homme, et tu auras la moitié de tout ce qui existe. Mais, remarque, j'ai le fouet, et tu devras faire tes preuves. Fais tes preuves, et nous mettrons bientôt les choses au clair. Je ne veux plus que ma moitié, et maintenant que tout est à moi, eh bien, loi ou pas loi, je partagerai avec vous... mais il faudra que vous montriez que vous pouvez tenir. mes conditions."

Tous les yeux étaient fixés sur Stephen Weere. Il resta assis un moment à regarder la table, puis, avec un juron, il se jeta hors de la pièce. L'odeur des vieux pots à chair était encore dans ses narines ; l'odeur des pots à vin dans son souvenir, fait qui l'envoya probablement dans la petite pièce dans laquelle les rafraîchissements liquides avaient été disposés. Il se servit un bon verre d'eau-de-vie et en avait avalé la moitié lorsqu'il sentit certains doigts se poser d'une manière suppliante sur son coude gauche. Il se tourna avec un juron et rencontra le visage de sorcière et les yeux brûlants de la vieille gouvernante, Margaret Burton.

"Qu'est-ce que tu veux, vieille sorcière ?" dit-il avec un autre juron. "Sortir!"

Mais la vieille femme se leva, ses doigts osseux toujours sur son bras.

« Hester Stivven ! » dit-elle. « Maître Stivven ! Est-ce qu'il... est-ce qu'il m'a quitté, pourquoi ?

Stephen éclata de rire et remplit à nouveau son verre.

"Tu es parti, comment ?" s'exclama-t-il d'un ton moqueur. "Tu t'es quitté, comment ? Il n'a laissé personne d'autre que Michael – maudit soit-le ! Il l'a quitté – tout ce qu'il y a !"

Margaret Burton recula une seconde et le regarda. Il s'éloigna de ses yeux. Soudain, elle lui posa de nouveau la main.

"Mester Stivven", dit-elle d'un ton câlin, "venez avec moi, j'ai quelque chose à vous dire. Venez!"

Dix minutes plus tard, Stephen entra dans le meilleur salon, suivi de Margaret Burton. Michael était engagé dans une conversation sérieuse avec les autres, et en particulier avec la femme de Stephen, quant à l'avenir de Stephen. Stephen leva une main autoritaire.

"Arrête ça!" il a dit. "Nous en avons assez de vous, nous verrons qui est le maître ici. À mon tour", poursuivit-il, comme Michael aurait parlé. « Avancez, Margaret. Cette femme, M. Brooke, est la gouvernante de mon père depuis la mort de ma mère, et elle a été servante pendant des années avant cela — n'est-ce pas, Margaret ?

"Douze ans auparavant, monsieur."

"Douze ans auparavant, et dans la confiance de ma mère", a poursuivi Stephen.

"Maintenant, Margaret, emmène M. Brooke dans ce coin. Racontez-lui ce que vous m'avez dit sur ce que ma mère vous a dit la semaine de sa mort, et donnez-lui les papiers qu'elle vous a laissés pour prouver ce qu'elle a dit. Et alors… alors nous verrons, nous verrons ! »

Le reste du monde regardait avec des sentiments mêlés le colloque chuchoté entre l'avoué et la vieille femme. C'était une grande pièce, décousue, avec de grandes embrasures aux fenêtres, et personne ne pouvait entendre un mot de ce qui se disait. Mais Miriam savait qu'elle n'était pas la seule à posséder le secret et elle glissa inconsciemment sa main dans celle de Michael.

L'avocat Brooke, quelques papiers pliés à la main, revint avec un sourcil plissé et des yeux troublés. Il allait parler, mais Stephen l'en empêcha.

"Je suis le maître ici", dit-il. "Margaret, viens par là." Il désigna Michael. "Quel est le vrai nom de cet homme ?" » demanda-t-il avec un ricanement diabolique. "Est-ce... eh bien, maintenant, qu'est-ce que c'est ? Parce que, bien sûr, ce n'est pas le mien. Le mien est à mon père, le mien est Weere."

"Non, monsieur, c'est Oldfield. Le nom de sa mère, parce que, bien sûr, il est né hors mariage. Votre père et votre mère se sont mariés plus tard."

Dans le silence qui suivit, Miriam entendit les battements du cœur de Michael. Il se releva lentement, regardant autour de lui tour à tour.

"Ce n'est pas vrai?" » dit-il d'un ton interrogateur. "C'est--"

Miriam se leva à ses côtés et posa ses deux mains sur son bras.

"C'est vrai, Michael," dit-elle. "C'est vrai. Ton père me l'a dit dix minutes avant sa mort."

Michael la regarda, puis passa soudain son bras autour de elle et l'embrassa.

"Viens, Miriam", dit-il, comme si les autres étaient des ombres. "Viens. Rentrons à la maison, l'enfant aura besoin de nous."

CHAPITRE IV

PETITE MISS PERDRIX

À côté de l'église et du King George – à l'exception peut-être de la forge, où la plupart des badauds se réunissaient pour bavarder l'après-midi, surtout en hiver – le magasin général de Miss Partridge était la principale institution d'Orchardcroft. Pour commencer, c'était la seule maison à caractère marchand dans la région, et elle aurait eu un mauvais sort avec quiconque était assez téméraire pour s'y opposer ; pour finir, sa propriétaire était si bon enfant qu'elle ne faisait aucune objection aux bonnes femmes du village si elles s'attardaient sur leurs achats pour causer entre elles ou avec elle. La vie à Orchardcroft était tranquille, et on pouvait facilement passer une heure à aller chercher une pierre de farine ou un quart de livre de thé dans le magasin de Miss Partridge. Et, comme Miss Partridge le faisait souvent remarquer, les femmes étaient mieux employées à échanger des vues à son comptoir que les hommes à se disputer au robinet du King George.

C'était un drôle de petit endroit, ce magasin général, un recueil d'épiceries, de draperies, de confiseries et d'une demi-douzaine d'autres métiers. Il y avait toutes sortes de choses dans la vitrine, depuis des rouleaux de vêtements bon marché jusqu'au caramel fait maison ; à l'intérieur du magasin lui-même, qui n'était ni plus ni moins que la pièce de devant d'une chaumière, il y avait un étalage d'articles quelque peu déroutant pour des yeux non habitués à de tels spectacles. On disait d'un célèbre commerçant londonien qu'il pouvait fournir n'importe quoi, depuis un éléphant blanc jusqu'à une épingle. Miss Partridge ne pouvait guère se vanter autant, mais il était certain qu'elle gardait tout ce dont les quatre cents âmes d'Orchardcroft avaient besoin pour leur corps. —à l'exception de la viande de boucherie. De plus, elle savait où tout se trouvait et pouvait mettre la main dessus à tout moment ; Qui plus est, elle était aussi polie en vendant à un petit garçon un costume neuf tout fait qu'en servant à un laboureur sa once de tabac à poils longs ou à clous du samedi. C'est pour cette raison que tout le monde l'aimait et lui apportait ses joies et ses peines.

Par un bel après-midi de printemps, alors que les merles et les grives chantaient gaiement dans son jardin bordé de houx, Miss Partridge était assise derrière son comptoir à tricoter. C'était alors une femme d'environ soixante ans, une femme aux joues roses, aux yeux brillants, de petite taille, aux cheveux gris, sur le visage de laquelle quelque chose comme une bénédiction semblait toujours briller sur tout le monde. Elle portait une robe noire unie – personne à Orchardcroft ne pouvait se souvenir de Miss Partridge autrement que noire depuis plus de trente ans – sur laquelle était drapé un véritable châle blanc en soie, attaché au cou par une énorme broche en jais de Whitby, et sur sa tête. Il s'agissait d'un joli bonnet dans lequel étaient exposées plusieurs variétés de fleurs artificielles. Le châle et la casquette indiquaient que Miss Partridge était habillée pour la journée ; le matin, des insignes moins voyants étaient affichés.

"Nous sommes très calmes cet après-midi, Martha Mary", observa Miss Partridge à son factotum général, qui, après avoir terminé le ménage, époussetait maintenant les étagères supérieures. "Il n'y a personne depuis que le vieux Isaac est venu chercher son tabac."

"Non, madame", dit Martha Mary, "mais il y a Jane Pockett qui vient dans le jardin en ce moment."

« Alors nous entendrons quelque chose ou autre », dit Miss Partridge, qui connaissait les caractéristiques de Mme Pockett ; "Jane a toujours des nouvelles."

Mme Pockett, une grande dame flasque, qui joua un grand rôle dans le drame de la vie du village, voyant qu'elle voyait tous les nouveaux venus dans le monde et tous les étrangers quitter la scène pour toujours, entra lourdement dans le monde. magasin et se laissa tomber encore plus lourdement sur une chaise près du comptoir. Et sans cérémonie, elle tourna vers le petit commerçant un œil de groseille bouillie.

"Est-ce que tu as entendu les noos ?" dit-elle.

"Quelles nouvelles, Jane ?" » demanda Miss Partridge.

Mme Pockett a choisi une bêtise à la menthe dans une bouteille posée sur le comptoir et a commencé à la sucer.

"Eh bien, bien sûr, vous vous souvenez du fils de Robert Dicki, le meunier, à Stapleby là-bas ?" dit-elle. "Il est mort l'année dernière, laissant un veuf et deux enfants, un garçon et une fille ?"

La tête de Miss Partridge était penchée sur son tricot.

"Oui," dit-elle.

"Eh bien," continua Mme Pockett, "on pensait qu'il était mort à mi-chemin, mais maintenant il s'avère qu'il ne l'est pas. En fait, il est parti maintenant, et ils ont été hypothéqués, car ils terme, et maintenant ils sont prêts à les vendre, à les verrouiller, à les stocker et à les barriller. C'est dommage, parce que ce garçon est un gentil jeune homme, et ils disent "si non, mais ils pourraient payer de l'argent qu'il Je pourrais faire un bon commerce. C'est mille livres s'ils veulent régler les choses. Voyez-vous, j'ai une facture de vente dans ma poche - l'afficheur me l'a donnée ce matin. Vous' Je remarquerai qu'il y a un joli petit meuble sur lequel se débarrasser. Mais que feront le plus grand et les deux enfants, s'il s'est avéré que c'était ainsi ?

"C'est très triste", a déclaré Miss Partridge; "très triste."

Elle a mis l'addition de côté et a commencé à parler d'autre chose. Mais lorsque Jane Pockett eut acheté trois mètres de flanelle et partit, elle lut la facture et nota que la vente devait avoir lieu l'avant-veille. Et ôtant ses lunettes, elle les posa ainsi que le tricot sur le comptoir, et ordonnant à Martha Mary de garder la boutique, elle monta dans sa propre chambre et, fermant la porte, se mit à marcher de long en large en réfléchissant.

Quarante ans s'écoulèrent pour Miss Partridge, et elle était redevenue une fille de dix-neuf ans et fiancée à Robert Dickinson. Elle se souvenait très bien de tout cela : de leurs promenades, de leurs discussions, de leurs étreintes. Elle ouvrit un vieux bureau et en sortit une photographie décolorée d'un beau garçon, des rubans également décolorés, un médaillon terni, tout ce qui restait du rêve de jeunesse mort depuis longtemps. Elle les remit en place et pensa à la façon dont ils s'étaient séparés dans la colère à cause d'une querelle d'amoureux. Il l'avait accusée de flirter, et elle avait été trop fière pour se défendre, et il s'était enfui et était parti dans une colonie lointaine, et elle était restée sur place – pour être fidèle à sa mémoire toute sa vie. Et vingt ans plus tard, il était revenu, emmenant avec lui une jeune femme, et avait emmené Stapleby Mill – mais lui et elle ne s'étaient jamais rencontrés, ne s'étaient jamais parlé. Et maintenant, il était mort, et sa veuve et ses enfants allaient devenir des parias, des mendiants.

Les clients qui venaient ce soir-là dans la petite boutique se faisaient remarquer l'humeur inhabituellement calme de sa maîtresse et espéraient que Miss Partridge ne serait pas malade. Mais Miss Partridge se portait plutôt bien lorsqu'elle descendit prendre le petit-déjeuner le lendemain matin, habillée de ses plus beaux atours et portant son bonnet, et elle avait l'air très déterminée à propos de quelque chose.

"Vous devrez vous occuper du magasin ce matin, Martha Mary, car je vais à Cornchester", dit-elle. "Demandez à Eliza Grimes de venir faire le ménage."

Une fois à Cornchester, Miss Partridge entra dans la banque locale – une institution qu'elle considérait avec une grande crainte – et eut une consultation à voix basse avec le caissier, ce qui aboutit à ce que ce monsieur lui remit dix billets de cent livres chacun – les économies de toute une vie. .

"Vous allez l'investir, Miss Partridge ?" dit le caissier en souriant.

"O-oui", répondit Miss Partridge. "O-oui, monsieur, pour l'investir."

Elle mit les mille livres dans son réticule démodé et s'en alla chez un avocat qu'elle avait eu une ou deux fois l'occasion de consulter. Elle lui fit une communication qui le fit dévisager.

"Ma chère madame", s'est-il exclamé. "C'est donner tout ce que vous possédez."

"Non", interrompit Miss Partridge. "J'ai la boutique."

« Eh bien, en tout cas, prenez la place en guise de garantie », commença le notaire ; "et--"

"Non", dit fermement Miss Partridge. "Non, monsieur ! Personne ne doit savoir ; personne ne doit jamais savoir, sauf vous, d'où vient l'argent. C'est mon argent, et j'ai le droit d'en faire ce que je veux."

"Oh, très bien", dit l'avocat. "Très bien. Je vais régler l'affaire tout de suite. Et soyez sûr que les pauvres choses seront très reconnaissantes envers leur bienfaiteur inconnu."

Miss Partridge rentra chez elle à pied en passant par le cimetière de Stapleby. Elle se tourna vers sa quiétude et chercha la tombe de Robert Dickinson. Il y avait des marguerites qui poussaient sur le gazon vert qui le recouvrait, et elle en rassembla un petit bouquet et les rapporta chez elle pour les ranger avec les rubans et le médaillon. Et cela fait, elle ôta ses plus belles affaires et retomba dans son ancien mode de vie.

CHAPITRE V

LE MARIAGE DE M. JARVIS

Lorsque l'ascenseur redescendit au rez-de-chaussée et ouvrit la porte de la cage dans laquelle il passait chaque jour tant d'heures mécaniques, il s'aperçut que le hall d'entrée était alors cédé à une femme solitaire qui était scrutant anxieusement les différents noms qui apparaissaient sur les panneaux disposés de chaque côté. Il dégageait une impression générale de rusticité, mais, aussi vif soit-il, il aurait eu du mal à la définir : le bonnet de la dame n'était pas sensiblement différent des bonnets portés par les dames respectables de la classe moyenne ; le parapluie de la dame n'était pas porté dans un angle inconfortable. Néanmoins, il était tout à fait certain que si la dame montait quelque part entre là et le sixième étage, elle était sur le point de monter dans un ascenseur pour la première fois.

Il attendait, sachant très bien que l'étranger allait bientôt s'adresser à lui. Il faisait sombre dans le hall d'entrée et il vit qu'elle ne pouvait pas voir les noms sur la moitié supérieure du tableau qu'elle regardait. Elle se tourna, jeta un rapide coup d'œil au tableau d'en face, puis le regarda d'un air à moitié dubitatif.

"Jeune homme", dit-elle, "pouvez-vous me dire si le bureau de M. Watkin Vavasower se trouve quelque part par ici ?"

"M. Vavasore, maman ? - le troisième étage, maman - vient de monter, n'est-ce pas M. Vavasore", répondit l'ascenseur.

Il s'écarta de la porte de sa cage avec une invitation implicite à entrer. Mais la dame, que dans la lumière plus claire du hall intérieur il aperçut maintenant comme étant d'âge moyen et au visage sévère, regardait l'escalier d'un air dubitatif.

"Je suppose que je verrai le nom sur la porte si je monte, jeune homme ?" dit-elle. "Il fait si sombre dans ces endroits de Londres———"

"Entre, maman", dit le liftier.

La dame sursauta et regarda à l'intérieur de la cage comme elle aurait regardé dans l'un de ses propres poulaillers si elle avait soupçonné la présence d'un renard à l'intérieur. Elle tourna vers le garçon un regard méfiant.

"Est-ce sûr?" dit-elle.

Puis, obéissant instinctivement au geste autoritaire de la main officielle, elle entra et entendit le portail claquer. Elle poussa un petit halètement tandis que le monde tombait sous ses pieds ; un autre lorsque l'ascenseur s'est soudainement arrêté et qu'elle s'est retrouvée éjectée sur un plan plus élevé.

"Eh bien, je suis sûre———" commença-t-elle.

"Deuxième porte à gauche, maman", dit le garçon, et il disparut.

La dame s'arrêta une seconde ou deux, jeta un coup d'œil vers le puits comme si elle s'attendait à entendre un cri d'agonie venant du fond, puis se dirigea lentement dans la direction indiquée par le garçon. Quelques pas dans le couloir et elle se retrouva devant une porte sur laquelle était inscrit en lourdes lettres de laiton très polies le nom de « M. Watkin Vavasour ».

Elle hésita un instant avant de frapper ; quand elle le fit, elle frappa timidement et doucement. Mais on l'entendit à l'intérieur, car une voix de jeune fille, aiguë et sérieuse, lui ordonna d'entrer. Elle tourna la poignée et entra dans une pièce confortablement meublée où était assise une jeune femme très intelligente qui était occupée avec une machine à écrire et qui levait de son travail des yeux interrogateurs.

« Est-ce que M. Watkin Vavasower est là ? » a demandé l'appelant.

L'élégante jeune femme se leva de son bureau avec un air de patience condescendante.

"Quel nom, madame ?" elle a demandé.

L'appelant a hésité.

"Eh bien, si cela vous convient," dit-elle, "je préférerais ne donner mon nom à personne d'autre qu'au monsieur lui-même, bien que bien sûr si..."

"Prenez une chaise, s'il vous plaît", dit la jeune femme intelligente. Elle a disparu par une porte intérieure marquée « Privé », laissant le visiteur examiner un tapis imitation Turquie, un bureau américain à rouleau, deux chaises de bureau et une reproduction de *Married de feu Lord Leighton* , accrochée au-dessus de la cheminée. Elle spéculait sur la nationalité des deux personnes concernées sur cette photo lorsque l'élégante jeune femme revint avec une invitation à se présenter en présence de M. Vavasour. M. Vavasour, un gentleman un peu plus que moyen et robuste, dont le nom aurait plus justement été Isaacs, Cohen ou Abraham, et qui accordait évidemment beaucoup d'importance au lin fin et à la pourpre et au port de l'or et des diamants, est passé de derrière une élégante table à écrire en palissandre et il fit signe à son visiteur de se diriger vers la chaise la plus facile avec beaucoup de grâce. Sa tête chauve et polie s'inclina avec bienveillance vers elle.

"Et que puis-je avoir le plaisir de faire pour vous, ma chère madame ?" M. Vavasour s'enquit doucement.

La visiteuse, qui avait examiné M. Vavasour d'un regard aigu tout en lui faisant une révérence formelle, poussa une petite toux préliminaire et regarda le feu joyeux de M. Vavasour.

"Bien sûr," dit-elle, "je m'adresse à M. Watkin Vavasower, l'agent matrimonial ? Le M. Vavasower comme l'annonce dans les journaux ?"

"Juste ainsi, madame, juste ainsi", répondit M. Vavasour d'un ton apaisant. "Je suis cet individu. Et qui ai-je le plaisir de recevoir ?"

"Eh bien, M. Vavasower, je m'appelle Mme Rebecca Pringle", a déclaré le visiteur. "Bien sûr, vous ne connaissez pas le nom, mais vous connaissez le nom de l'endroit d'où je viens : la Vieille Ferme, Windleby ?"

M. Vavasour passa une main ornée de bijoux sur son front haut.

"La vieille ferme, Windleby ?" il a dit. "Le nom semble familier. Ah, oui, bien sûr - l'adresse d'un client respecté, M. - oui, M. Stephen Jarvis. Cher moi, oui, bien sûr. Un très digne gentleman!"

" Eh bien, M. Vavasower, " dit Mme Pringle en lissant sa robe, que les yeux perçants de l'agent remarquèrent comme étant de bonne soie substantielle, " il y a beaucoup de dignes gentlemen qui peuvent se ridiculiser ! Je n'ai rien à dire. contre Stephen, d'autant plus que je tiens sa maison depuis quinze ans, c'est-à-dire depuis la mort de Pringle. Mais je ne suis pas aveugle à ses défauts, M. Vavasower, et bien sûr je ne peux pas le voir se précipiter pour sa destruction, pour ainsi dire, sans lever le petit doigt pour arrêter sa fuite en avant. »

M. Vavasour fit une grimace lugubre, secoua la tête et regarda plus en détail.

"'J'ai appris, M. Vavasower," continua Mme Pringle, "que Stephen Jarvis, ainsi que mon cousin germain, ont entretenu une correspondance avec vous au sujet de la recherche d'une épouse. Une jolie chose pour un homme de ses années à faire - il a cinquante-cinq ans et rien de moins - alors qu'il a tenu à l'écart des dames pendant tout ce temps ! Et je dois vous dire, M. Vavasower, que sa famille n'approuve pas cela, et c'est pourquoi je je suis venu vous voir. »

M. Vavasour étendit ses grosses mains.

"Ma chère madame !" dit-il avec dépréciation. "Ma chère Mme Pringle ! C'est une de mes règles strictes de ne jamais discuter des affaires d'un client, ou de..."

Mme Pringle lui lança un regard complice.

"Bien sûr, cela en vaudrait la peine pour M. Vavasower", dit-elle en tapotant un petit réticule qu'elle portait. "La famille ne s'attend pas à ce que M. Vavasower l'aide pour rien."

M. Vavasour hésita. Il se souvint du cas Jarvis et se souvint que M. Stephen Jarvis ne voulait pas d'une femme riche et que, par conséquent, il n'y aurait aucune commission dans ce domaine particulier.

"Qui sont les membres de la famille, madame ?" s'enquit-il.

Mme Pringle le regarda bien en face.

"Les membres de la famille, M. Vavasower", répondit-elle, "c'est moi et mon fils unique, John William, comme on l'a toujours amené à se considérer comme l'héritier de Stephen Jarvis. Et, bien sûr, si tel est le cas, soyez comme Stephen Jarvis devait épouser une jeune femme, eh bien, il y aurait sans aucun doute des enfants, et alors… »

"C'est sûr, madame, c'est sûr !" » dit M. Vavasour d'un ton compréhensif. "Bien sûr, vous et votre fils avez des moyens qui justifieraient——"

"Mon fils, John William, M. Vavasower, travaille dans une très bonne direction dans le secteur de l'épicerie", a répondu Mme Pringle. "Mais bien sûr, je n'ai pas l'intention de le voir évincé de la place qui lui revient parce que Stephen Jarvis a en tête de se marier à l'époque de sa vie ! Stephen doit être rebuté, et c'est fini."

"Mais, ma chère madame !" s'exclama M. Vavasour. " Comment puis-je l'empêcher ? Mon client m'a demandé des présentations ; il est un peu particulier, ou j'aurais pu lui convenir il y a quelques semaines. Il désire une jeune et jolie femme, et… "

"Vieux fou!" s'exclama Mme Pringle. "Eh bien, il ne doit pas en avoir, M. Vavasower - comme je l'ai dit, cela ne convient pas à moi et à John William qu'il le fasse. Et quant à la façon dont vous pouvez l'empêcher, eh bien, M. Vavasower, j'ai un plan en cours. auquel vous devez vous joindre - moi et John William en vaudrons la peine - qui mettra Stephen Jarvis hors de propos du mariage. Le fait est, M. Vavasower, que Stephen est un homme très serré. C'est le genre de personne qui regarde à deux fois six pence avant de le dépenser – et puis, comme si de rien n'était, il le remet dans sa poche. »

M. Vavasour inclina la tête. Il était intéressé.

"Maintenant, M. Vavasower," continua Mme Pringle, "Stephen est aussi innocent des manières des jeunes femmes que l'est un nègre païen. Il n'a jamais rien eu à voir avec elles; il ne sait pas combien elles coûtent cher. S'il savait comment les jeunes femmes d'aujourd'hui jettent de l'argent, il s'évanouirait de terreur à la perspective d'un mariage. Maintenant, vous devez connaître beaucoup de jeunes femmes intelligentes, M. Vavasower, votre profession étant ce qu'elles sont. ce sont des actrices et autres, sans aucun doute, qui pourraient jouer un rôle moyennant une légère considération. Si vous pouviez en trouver une qui viendrait à la Vieille Ferme comme mon invité pendant une quinzaine de jours et obéirait aux ordres. quant à montrer à Stephen Jarvis ce qu'est réellement la jeune femme moderne, eh bien, nous ne devrions plus entendre parler de cette idée ridicule du mariage. Bien sûr, je pourrais faire passer la jeune femme pour une parente éloignée de mon pauvre mari, venant tout juste d'Amérique ou d'ailleurs. J'aimerais qu'elle fasse preuve de goûts luxueux et qu'elle laisse Stephen voir combien il en coûterait pour garder une jeune épouse. Et bien sûr, il faudrait qu'elle soit un peu ce qu'on appelle fascinante - mais vous comprendrez mon c'est-à-dire, M. Vavasower. Et je peux vous assurer que même si Stephen Jarvis est un homme si aisé, il est si proche et signifie que vous ferez mieux de traiter avec moi et John William qu'avec lui. »

M. Vavasour, qui avait beaucoup réfléchi, se frotta les mains.

"Et les conditions, ma très claire madame ?" il a dit. « Considérons les conditions dans lesquelles nous mènerons cette petite affaire. Maintenant… »

Ensuite, Mme Pringle et M. Vavasour parlèrent en toute confidentialité, et finalement certains billets de banque impeccables passèrent de la dame à l'agent, et un document fut signé par le premier, et enfin ils se séparèrent en très bonne entente.

« Car vous comprendrez, M. Vavasower, » dit Mme Pringle en serrant la main à la porte de la salle privée, « que je ne vais pas me soucier de dépenser une centaine quand il s'agit de s'assurant d'un bon nombre de milliers et d'une belle parcelle de propriété. Et Stephen Jarvis est un bon mangeur et enclin à l'apoplexie, et il pourrait être pris soudainement.

Puis Mme Pringle partit et revint à la Vieille Ferme, et pendant la quinzaine suivante garda un œil particulièrement attentif sur M. Jarvis et sur la correspondance qui lui parvenait de et par l'intermédiaire de M. Vavasour. Elle remarqua qu'il devenait grincheux et insatisfait jusqu'à la morosité : le fait était que l'agent, afin de conserver son contrat avec Mme Pringle, envoyait au futur Benedick un choix de candidats improbables, et M. Jarvis recevait des candidats improbables. marre de regarder des photos de dames dont aucune ne répondait à ses attentes. Quant à Mme Pringle, elle effectuait sa correspondance avec M. Vavasour par l'intermédiaire de John William, dont l'épicerie se trouvait dans un bourg voisin, et ce n'est qu'à la fin de la deuxième semaine après son retour chez elle qu'elle reçut une communication de lui qui l'a justifiée à prendre le terrain.

"Eh bien, sur mon honneur !" s'est-elle exclamée, alors qu'elle prenait son petit-déjeuner avec M. Jarvis un matin et déposait une lettre qu'elle était en train de lire. « Les merveilles ne cesseront jamais, et il y a une fin. De qui pensez-vous que j'ai entendu parler, Stephen ?

"Non, je ne sais pas", grogna M. Jarvis, qui venait de recevoir de M. Vavasour la photo d'une jeune femme à l'air très simple, et était très irrité par ce qu'il considérait comme la stupidité de l'agent. "OMS?"

"Eh bien, de ma nièce - du moins une sorte de nièce, puisqu'elle était la fille de Martha Margaret, la sœur du pauvre George - Poppy Atteridge, qui vient de rentrer en Angleterre après avoir quitté l'étranger", répondit Mme Pringle. "Son père était ingénieur et il l'a emmenée au Canada lorsqu'il est allé s'y installer après la mort de sa femme. Il est mort maintenant, semble-t-il, et la pauvre fille est donc revenue à la maison. Mon Dieu ! Je l'ai vue une fois quand elle était peu. Elle écrit assez affectueusement et dit qu'elle se sent seule. Ah, si j'avais une maison à moi, je lui demanderais de venir me voir !"

"Dites-lui de venir vous voir ici, alors !" dit le fermier. "Je suis sûr qu'il y a assez de place, à moins qu'elle ne veuille dormir dans six chambres à la fois."

"Eh bien, je suis sûre que c'est très gentil de votre part," dit Mme Pringle, "et si cela ne vous dérange vraiment pas, je lui demanderai. Je ne pense pas que vous la trouverez beaucoup sur le chemin... ils ont toujours été du genre calme et bien élevé, les Atteridge. »

M. Jarvis remarqua que quelques filles, plus ou moins, dans la maison n'étaient pas susceptibles de le déranger, et après avoir fini son petit-déjeuner, il alluma un cigare et enferma dans son bureau la photo de la dame à l'air simple avec une chaleureuse anathème de M. Vavasour, pour l'avoir envoyé, est sorti voir ses moutons et son bétail et a oublié la conversation autour de la table du petit-déjeuner. En fait, il n'y pensa plus que deux jours plus tard, lorsque, alors qu'il rentrait du marché pour le goûter du samedi soir, Mme Pringle le rencontra dans le hall pour lui annoncer que sa nièce était arrivée et qu'elle se trouvait dans le salon. .

"Oh, en effet !" » dit M. Jarvis, qui était d'humeur très bienveillante, suite au fait qu'il avait obtenu un prix exceptionnellement bon pour son blé et qu'il avait passé une heure conviviale avec l'acheteur. "La pauvre, je doute qu'elle ait fait un rare voyage dans le froid."

Puis il entra dans le salon pour souhaiter la bienvenue à la pauvre jeune fille sur son toit et son foyer, et se trouva rencontré par une jeune femme souriante et belle, qui avait des yeux très pétillants et des manières vives, et qu'il considéra immédiatement comme la personne la plus probable. la jeune fille qu'il voyait depuis de longues journées. Il pensa à la galerie de voyous que M. Vavasour lui avait récemment envoyés par présentation contrefaite, et son moral reprit rapidement.

"Eh bien, chérie-moi aujourd'hui !" dit-il en commençant à découper le jambon nourri maison en tranches délicates. "Cher moi aujourd'hui ! Je n'imaginais pas que nous allions être honorés d'autant de jeunesse et de beauté, comme le dit le proverbe. J'avais hâte de voir un peu de gel, Mme Pringle. Votre tante là-bas n'a pas eu envie de voir un peu de gel, Mme Pringle. préparez-moi à une si agréable surprise, mademoiselle... non, j'ai oublié le nom !"

"Atteridge", a déclaré la prétendue nièce de Mme Pringle. "Mais appelez-moi Poppy, M. Jarvis, je me sentirai plus à l'aise."

"Coquelicot!" rigola M. Jarvis. "Ecod, et un joli coquelicot rare et tout ! Mon cher, mon cher moi !"

"Les Atteridge ont toujours été une belle famille", a déclaré Mme Pringle.

"Je pense qu'ils doivent l'être", a déclaré M. Jarvis, tendant à son invité de la volaille froide et du jambon avec un regard admiratif. "Je devrais penser qu'ils ont dû l'être, madame, à en juger par l'échantillon présent. Donc, pour ce que nous sommes sur le point de recevoir——"

M. Jarvis, Mme Pringle et Miss Atteridge ont passé une soirée très agréable. L'invitée, en plus d'une grande vivacité, parlait bien et de manière intéressante, et la gouvernante commença à comprendre qu'elle devait vraiment être au Canada, car elle en savait tellement sur la vie là-bas. En plus des capacités de conversation de Miss Atteridge, il s'est avéré qu'elle jouait du piano et, en réponse à la demande de M. Jarvis pour un air ou deux, elle s'est assise devant un instrument ancien qui n'avait pas été ouvert d'après les souvenirs de Mme Pringle. et en a extrait toute la musique qu'elle pouvait. M. Jarvis était très ravi et le dit.

"Mais si vous aimez tant la musique, M. Jarvis, vous devriez acheter un nouveau piano", dit Miss Atteridge avec désinvolture. "Je n'ai aucun doute que cela a été une bonne chose, mais j'ai bien peur que ce soit terminé pour le moment."

" Cela pourrait arriver si j'avais quelqu'un pour jouer dessus ", dit M. Jarvis avec un regard sournois.

"Oh, vous pourriez trouver beaucoup de monde pour y jouer", a déclaré Miss Atteridge.

Lorsque l'invité se fut retiré, M. Jarvis mélangea son grog et, conformément à la coutume, tendit un verre à Mme Pringle.

"C'est une rare et belle fille, votre nièce, mademoiselle", dit-il. "Vous pouvez lui demander d'arrêter aussi longtemps qu'elle le souhaite. Cela lui fera du bien."

Le lendemain matin, M. Jarvis, disant qu'il avait des affaires dans le bourg, commanda sa intelligente charrette à chien et la jument baie, et demanda à Miss Atteridge de l'accompagner en voiture. Ils formaient un beau couple en partant, car le fermier, malgré ses cinquante-cinq ans, était un homme bel et bien bâti, sans jamais avoir de cheveux gris sur la tête, et il avait un piment de vanité en lui qui le rendait très pointilleux sur son apparence personnelle.

M. Jarvis et Miss Atteridge étaient absents toute la matinée ; lorsqu'ils revinrent dîner à une heure et demie, tous deux semblaient de très bonne humeur. Eux et Mme Pringle étaient assis dans le salon après le dîner lorsque la gouvernante aperçut une charrette approchant de la maison et remarqua qu'elle contenait une caisse d'emballage d'apparence étrange et qu'elle était accompagnée de deux hommes qui portaient des tabliers de feutrine verte.

"Oui," dit négligemment M. Jarvis, "ce sera le nouveau piano que j'ai acheté ce matin pour que la jeune femme ici puisse jouer. Vous feriez mieux de sortir, mademoiselle, et de leur dire de le poser. " À la porte du porche. S'ils ont besoin d'aide, il y a John et Thomas dans la cour, appelez-les. Et nous ferons retirer le vieil instrument et le nouveau sera mis à sa place. "

Mme Pringle sortit pour obéir à ces ordres, se sentant quelque peu perplexe. La demoiselle de chez M. Vavasour jouait certainement bien son rôle et avait commencé tôt. Mais pourquoi cette complaisance extraordinaire de la part de M. Jarvis ? Jarvis, qui pourrait, quand il le voulait, dire des choses très désagréables sur les comptes du ménage ? Elle commençait à douter un peu de… elle ne savait pas trop quoi.

Ce soir-là, le salon était le théâtre de ce que M. Jarvis appelait un concert de gifles régulier. Car il s'avéra que Miss Atteridge savait non seulement jouer, mais aussi chanter, et bien chanter ; et M. Jarvis fut tellement emporté par un enthousiasme musical ravivé qu'après avoir raconté aux dames comment il chantait du ténor dans la chorale de l'église à une certaine époque, il se porta volontaire pour chanter des chansons aussi agréables que "The Farmer's Boy", "The Yeoman's Wedding". "," et "John Peel", et de plus en plus audacieux se joignirent à Miss Atteridge dans des duos tels que "Huntingtower" et "Oh, que nous allions tous les deux pouvoir." Il se coucha un peu plus tard que d'habitude, se déclarant qu'il n'avait pas passé une soirée aussi agréable depuis le dernier dîner au Farmers' Club, et le lendemain matin il fit un paquet de toutes les photographies et documents que M. Vavasour avait il l'envoya et les rendit à ce monsieur avec une brève indication qu'il n'avait aucun désir d'avoir d'autres relations avec lui, et que s'il lui devait quelque chose, il serait heureux de savoir ce que c'était.

Le dimanche suivant, M. John William Pringle, un jeune gentleman aux yeux pâles qui portait une redingote et un chapeau de soie et qui avait l'habitude de remonter son pantalon aux genoux chaque fois qu'il s'asseyait, vint, selon la coutume, rendre visite à sa mère et a été présenté à son nouveau parent. John William, après quelques observations, devint quelque peu triste et réfléchi, et dans l'après-midi, lorsque M. Jarvis et Miss Attendee étaient sortis dans le champ pour voir s'il y avait le nombre exact de moutons qu'il devrait y avoir dans un certain champ lointain, se tourna vers son parent avec un regard sévère et de reproche.

« Et c'est un beau gâchis que vous avez fait avec vos intrigues et vos projets ! » dit-il d'un ton flétrissant. "Tu as fait exactement ce que nous voulions éviter. Ne vois-tu pas ce vieil imbécile éperdument amoureux de cette fille ? Ouais !"

"Rien de tel, John William!" rétorqua Mme Pringle. "Bien sûr, c'est la fille qui le guide, comme c'est son rôle, et elle est bien payée pour cela. Attendez que Stephen Jarvis se rende compte de ce qu'il a dépensé pour elle - il y a le piano, et un nouveau chapeau, et un cheval. -une habitude pour qu'elle puisse aller faire un tour avec lui, et une bague gitane comme elle s'est pris d'affection pour ce jour où il l'a emmenée à Stowminster, tout cela en une semaine et moins - et vous verrez quel sera l'effet. tu as tort, John William ! »

"Je suis mort si je le suis!" dit John William avec colère. "C'est toi qui as tort, et ainsi tu le découvriras. Il faut faire quelque chose. Et la seule chose à laquelle je peux penser," continua-t-il en caressant une pousse mal germée sur sa lèvre supérieure, "c'est que je devrais couper le vieux Je me suis énervé. Bien sûr, je pourrais jeter la fille après.

Dans ce but, M. Pringle se montrait extraordinairement fascinant à l'heure du thé et pendant la soirée, mais avec un si mauvais effet qu'au souper il était plus sombre que jamais. Il rentra chez lui avec une remarque d'adieu à sa mère : si elle ne faisait pas sortir la fille de la maison assez rapidement, lui et elle pourraient tout aussi bien aller se pendre.

Comme Mme Pringle avait une grande confiance dans la perspicacité de John William, elle fut prise de conscience quant au rôle qu'elle avait joué dans cette affaire et saisit l'occasion de parler à Miss Atteridge lorsqu'ils se retirèrent pour la nuit. Mais Miss Atteridge non seulement reçut les remarques de Mme Pringle avec une hauteur effrayante, mais la fit sortir de sa chambre d'une manière indubitable. Ainsi, Mme Pringle écrivit à M. Vavasour, lui disant qu'elle pensait que le but qu'elle désirait avait été atteint et qu'elle souhaitait que Miss Atteridge soit renvoyée. M. Vavasour a répondu que ses instructions devaient être exécutées. Mais Miss Atteridge est restée. Et plus d'une fois, elle et la gouvernante, M. Jarvis étant absent, eurent des mots.

« Comme si vous étiez au Canada ! » dit Mme Pringle en reniflant.

Miss Atteridge la regarda calmement et froidement.

"J'ai vécu au Canada pendant trois ans", a-t-elle répondu.

"Une fille va chez un agent pour trouver un mari !" dit Mme Pringle.

"Non, je suis allée chercher un emploi de détective", a déclaré Miss Atteridge. "M. Vavasour, vous le savez, est un agent d'enquête privé ainsi qu'un agent matrimonial."

"Et pourquoi es-tu venu ici ?" » demanda Mme Pringle.

Miss Atteridge regarda son interlocuteur avec un regard encore plus froid.

"Amusant!" dit-elle.

Puis elle s'assit devant le nouveau piano et commença à jouer la « Sonate au clair de lune », et Mme Pringle entra dans la cuisine et claqua la porte du salon, après quoi elle se demanda ce que John William dirait dimanche prochain. Le dimanche précédent, il avait été plus méchant que jamais et avait exprimé sa détermination à être exécuté au moins six fois.

Mais le dimanche suivant, Miss Atteridge était partie. Tout le vendredi, elle avait été très calme et réfléchie ; tard dans l'après-midi, elle et M. Jarvis étaient sortis se promener, et quand ils revinrent tous deux étaient très calmes et très graves. Ils parlèrent peu pendant le thé et, ce soir-là, Miss Atteridge ne joua que Beethoven et Chopin et ne chanta pas du tout. Et quand Mme Pringle s'est couchée, après avoir mangé son grog dans la cuisine, M. Jarvis étant inhabituellement solennel et très préoccupé, elle trouva l'invité en train d'emballer son portemanteau.

"Je pars demain après le petit déjeuner", dit Miss Atteridge. "Comme je ne serai pas là dimanche, dites au revoir à M. John William."

John William, arrivant dimanche à temps pour le dîner, trouva les choses telles qu'elles se trouvaient habituellement à la Vieille Ferme dans les jours précédant l'arrivée de Miss Atteridge. M. Jarvis était dans le salon, s'amusant avec un cigare, la carafe de sherry et le *Mark Lane Express* ; Mme Pringle était dans la cuisine de devant, surveillant la cuisson de quelques canards farcis. John William s'approcha d'elle avec des yeux interrogateurs.

"Elle est partie!" murmura Mme Pringle. "Je suis parti hier. Depuis, il est grincheux, il réfléchit à ce que cela lui a coûté. Entrez et rattrapez-le, John William. Parlez-lui de cochons."

John William rentra dans le salon. M. Jarvis, qui était du genre à faire preuve d'hospitalité envers un ennemi, lui offrit un verre de sherry et lui offrit un cigare, mais ne montra aucun désir particulier d'entendre l'opinion d'un épicier sur la peste porcine. Il n'y eut aucune conversation lorsque Mme Pringle entra pour mettre le couvert pour le dîner.

"Nous n'avons pas eu de musique depuis un jour ou deux", a déclaré Mme Pringle avec une bonne humeur. « Jouez un morceau du maître, John William – jouez la « Bataille de Prague » avec des variations.

John William s'est approché du nouveau piano.

"C'est verrouillé", dit-il en examinant le couvercle du clavier. "Où est la clé ?"

M. Jarvis a regardé par-dessus le *Mark Lane Express* .

"La clé", dit-il, "est dans ma poche. Et elle y restera jusqu'à ce que Miss Atteridge - dont son vrai nom est Carter - revienne. Mais pas en tant que Carter, ni encore Atteridge, mais en tant que Mme Stephen Jarvis. C'est ça. " Cela fera trois semaines aujourd'hui. Si John William veut jouer au piano, il peut venir jouer la "Wedding March"!"

Puis John William s'assit et sa mère mit la table en silence.

CHAPITRE VI

PAIN JETÉ SUR LES EAUX

Le coucher du soleil était proche lorsque l'épave entra dans le premier village qu'il avait rencontré sur plusieurs kilomètres, et il était aussi fatigué que affamé. Aux abords, il s'arrêta, regarda autour de lui et s'assit sur un tas de pierres. Le village se trouvait sous lui ; un village anglais typique, agréable à voir en été. Là, au centre, entourés de grands ormes et bordés d'ifs, se dressaient la tour et le toit de la vieille église, gris comme les souvenirs de l'époque lointaine où des mains pieuses l'avaient bâtie. Plus loin, également ornés d'arbres, s'élevaient les tourelles et les pignons de la grande maison, du manoir et de la salle. Çà et là, surgissant d'épais vergers, se dressaient les fermes, avec leurs toits rouges et leurs murs ternes ; entre eux se trouvaient de minuscules chaumières, des nids de confort. Des volutes de fumée bleu pâle s'échappaient des cheminées des maisons et des cottages ; elles faisaient penser à l'homme fatigué à une maison et à un foyer. Et de la verdure au centre du village résonnait le son des voix des garçons qui jouaient – eux aussi lui faisaient penser à une époque où le monde était plus qu'un désert.

Il se leva enfin et s'avança, marchant à la manière d'un homme fatigué. Après tout, ce n'était pas un abandonné très laid ; il avait visiblement essayé de réparer ses pauvres vêtements et n'avait pas oublié de se laver chaque fois qu'il en avait l'occasion. Mais ses yeux avaient l'air d'un indésirable ; il y avait en eux un désespoir qui en aurait dit long à un observateur avisé. Et tandis qu'il parcourait la colline jusqu'au village, il regardait autour de lui d'un côté à l'autre comme s'il n'osait guère attendre quoi que ce soit des hommes ou de leurs habitations.

Il arriva dans une grande ferme à l'air prospère ; un homme aux joues roses, bien nourri, au visage content, de constitution massive, était penché sur le muret du jardin, fumant un cigare. Il regardait l'abandonné avec une aversion et une méfiance évidentes. Ses yeux devinrent légèrement en colère et il fronça les sourcils. Les décombres humains n'étaient pas à son goût.

Mais l'homme sur la route avait faim et était fatigué ; il était comme une chose qui se noie et qui s'accroche à n'importe quelle paille. Il s'avança sur le gazon bien tondu qui s'étendait sous le mur du jardin, touchant sa casquette.

"Avez-vous un travail que vous pourriez confier à un homme, monsieur ?" Il a demandé.

Le fermier au visage rose fronça les sourcils.

"Non," dit-il.

L'homme sur la route hésita.

"Je suis aux abois, monsieur", dit-il. "Je ferais une dure journée de travail demain en échange d'une nuit de logement et d'un peu de nourriture."

"Oui, j'ose dire que vous le feriez", dit le fermier avec mépris. "J'ai déjà entendu cette histoire. Partez, la route est votre place."

L'épave soupira, se détourna, se tourna encore à demi. Il regarda le visage bien nourri au-dessus de lui avec une espèce de tristesse attirante.

"Je n'ai pas mangé un morceau depuis hier matin", dit-il en se retournant.

Alors qu'il se retournait, il entendit une voix d'enfant et, regardant autour de lui, il vit la moitié supérieure d'une petite tête, ensoleillée et bouclée, surgir du mur du jardin.

"Papa, dois-je donner ma tirelire au pauvre homme ? Parce que ce n'est pas agréable d'avoir faim. Dois-je, papa ?"

Mais le visage du fermier ne se détendit pas, et l'épave soupira de nouveau et se détourna. Il s'était engagé sur la route et s'éloignait quand la voix forte et magistrale l'arrêta.

"Ici vous!"

L'épave regarda autour de lui, avec un nouvel espoir naissant dans son cœur. L'homme lui faisait signe ; l'enfant, sur la pointe des pieds, le regardait avec des yeux bleus et inquisiteurs.

"Viens ici", dit le fermier.

L'épave est repartie en espérant. L'homme contre le mur, cependant, avait l'air plus sévère que jamais. Ses yeux perçants semblaient percer des trous dans le corps affamé de l'autre.

« Si je vous donne votre souper et une nuit dans la grange, promettez-vous de ne pas fumer ? il a dit. "Je ne veux pas de feu."

L'épave souriait malgré sa faim et sa lassitude.

"Je n'ai ni pipe ni tabac, monsieur", dit-il. "J'aurais aimé l'avoir fait. Mais si je l'avais fait, je te tiendrais parole."

Le fermier le regarda fixement un instant ; puis il montra la porte.

"Venez à travers ça", dit-il. Il traversa le jardin à grands pas lorsque l'épave entra et fit le tour de la maison jusqu'à la cuisine, où une grosse servante cousait devant la porte ouverte. Elle leva les yeux au bruit de leurs pas et les fixa.

"Donnez à cet homme autant qu'il peut manger, Rachel", dit le fermier, "et servez-lui une pinte de bière. Asseyez-vous", ajouta-t-il en se tournant vers l'épave. "Et prépare un bon souper."

Puis il souleva l'enfant qui s'était accrochée à son manteau, et la soulevant sur son épaule, il retourna au jardin.

Les abandonnés mangeaient et buvaient et remerciaient Dieu. Un nouveau sentiment de virilité l'envahit avec la bonne viande et la bonne boisson ; il a commencé à voir des possibilités. Lorsqu'il se releva enfin, il se sentit comme un homme nouveau, et ses épaules n'étaient plus voûtées et fatiguées.

Le fermier est arrivé avec une pipe en terre cuite remplie de tabac.

"Ici," dit-il, "tu peux t'asseoir dans la cour et fumer ça. Et ensuite je te montrerai où tu peux dormir."

Ainsi, cette nuit-là, l'épave alla se reposer, pleine de nourriture et contente, et dormit d'un sommeil sans rêves parmi le foin. Le lendemain matin, le fermier, selon son habitude, se levait tôt, mais son hôte était debout depuis deux bonnes heures lorsqu'il descendit dans la grande cuisine.

"Il n'est pas un fainéant, cet homme, maître", dit Rachel. "Il a coupé assez de bois de chauffage pour moi pendant une semaine, et puisé toute l'eau, et il est allé chercher les vaches, et maintenant il balaie la cour."

"Donnez-lui donc un bon petit déjeuner", dit le fermier.

Une fois son petit-déjeuner terminé, il partit à la recherche de l'épave et le retrouva en train de couper du bois. Il salua son hôte avec respect, mais avec une certaine inquiétude.

"Maintenant, si vous voulez un travail pour un jour ou deux", dit le fermier avec la brusquerie qui le caractérisait, "je vais vous en donner un. Sortez un seau des latrines là-bas et venez avec moi. ".

Il nous conduisit vers un petit champ situé à l'arrière de la ferme, dont la surface paraissait très généreusement ornée de pierres.

"Je veux ce défrichement", a déclaré l'agriculteur. "Faites des tas de pierres à une vingtaine de mètres l'un de l'autre. Lorsque vous entendez l'horloge de l'église sonner midi, arrêtez le travail et allez à la maison pour votre dîner. Recommencez à une heure et terminez à six heures."

Quelle qu'ait pu être sa profession avant que l'abandonné ne travaille ce jour-là comme un nègre. C'était un travail pénible, celui de rassembler et d'empiler des pierres, et le soleil de juillet était chaud et brûlant, mais il s'acquitta vaillamment de sa tâche, fortifié par le copieux repas qui lui était servi à midi.

Et peu avant six heures, le fermier, avec l'enfant sur son épaule, entra dans le champ et regarda autour de lui et regarda fixement.

"Vous n'êtes pas un fainéant !" dit-il en répétant les paroles de la servante. "Je te donnerai un meilleur travail que celui-là demain."

Et cette nuit-là, il donna à l'abandonné des vêtements et des bottes, et le lendemain matin, il lui confia un travail plus agréable et lui promit du travail pour la récolte. L'abandonné sentit que, aussi brusque et bourru que puisse paraître le fermier, son écorce était bien pire que son écorce. mordre. Et il n'a jamais oublié qu'il l'avait sauvé de la famine. Mais les temps des abandonnés n'étaient pas tous bons. Les gens de la campagne ont une aversion innée pour les étrangers, et les ouvriers réguliers de la ferme étaient mécontents de l'intrusion de cet homme venu de nulle part en particulier et qui avait certainement été un vagabond. Ils se tenaient à l'écart de lui dans les champs de moisson et faisaient ouvertement allusion à ses antécédents. Et l'abandonné, désormais promu dans une petite pièce de la maison et gagnant un salaire en plus d'une pension, n'entendit ni ne dit rien.

Le fermier ne s'est pas non plus laissé aller à la plaisanterie et aux plaisanteries.

"Alors vous avez commencé à embaucher des vagabonds, à ce que j'ai entendu dire", dit son grand rival du village. "Obtenez-le pour pas cher, j'imagine ?"

"Vous pouvez vous attendre à ce que vous voulez", a déclaré l'employeur de l'épave. " L'homme dont vous parlez est un aussi bon travailleur que tous ceux que vous avez, ou que moi non plus. Pensez-vous que je me soucie de vous et de votre opinion ? "

En fait, le fermier ne se souciait que de son enfant. Il avait perdu sa femme à la naissance de l'enfant, et l'enfant était tout ce qu'il possédait, à l'exception de sa terre. Partout où il allait, l'enfant était avec lui ; ils étaient inséparables. Il ne l'avait jamais quitté au cours de ses six années d'existence, et c'est avec beaucoup d'inquiétude qu'à l'automne suivant l'arrivée de l'épave, il fut obligé de le quitter pour un jour et une nuit. Avant de partir, il appela l'épave.

"J'en suis venu à vous faire pleinement confiance", a-t-il déclaré. "Gardez l'enfant jusqu'à demain."

Si le fermier avait voulu une preuve de la gratitude de l'abandonné, il l'aurait trouvée dans la soudaine bouffée de fierté qui éclata sur le visage de l'homme. Mais il était pressé de partir et il était troublé d'avoir abandonné l'enfant ; néanmoins, il était sûr de laisser l'enfant entre de bonnes mains.

« C'est étrange comme je me suis senti envers ce type », se dit-il en se dirigeant vers la gare située à six milles de là. "Je n'aurais confié l'enfant à personne d'autre qu'à lui."

L'homme laissé aux commandes n'a rien fait ce jour-là à part s'occuper de l'enfant. Il développa des pouvoirs étonnants, qui étonnèrent Rachel autant qu'ils intéressaient l'esprit et les yeux du jeune. Il pouvait chanter des chansons, il pouvait raconter des histoires, il pouvait faire des tours, il pouvait jouer avec les ours et les lions et imiter tous les animaux et oiseaux sous le soleil.

"Lawk-a-massy!" dit Rachel. "Eh bien, tu as dû avoir tes propres petits !"

"Il y a longtemps", répondit l'homme. "Belle lurette."

Il n'a jamais quitté sa charge tant que celle-ci ne s'est pas endormie – chantée par lui-même pour s'endormir. Puis il s'en alla dans sa petite chambre, dans l'aile éloignée de la maison. Et au bout d'une heure ou deux, il aurait sincèrement souhaité s'être étendu à la porte de la charge. Car la ferme était en feu, et quand il se réveilla pour s'en rendre compte, il y avait une mer de flammes déchaînée entre lui et l'enfant, et les gens dans la cour et le jardin criaient et gémissaient – dans leur impuissance.

Mais l'homme est arrivé à temps – à temps pour l'enfant, mais pas pour lui-même. On raconte encore aujourd'hui dans toute cette campagne comment il s'est frayé un chemin à travers les flammes, comment il a laissé tomber l'enfant dans les bras tendus en dessous, en toute sécurité, puis est retombé vers la mort.

Sur ce qu'ils trouvèrent de lui, le fermier regarda avec des yeux humides pour la première fois depuis qu'il avait versé des larmes pour sa femme décédée. Et il dit au pauvre corps quelque chose que l'âme entendit sans doute de loin.

"Tu étais un homme !" il a dit. "Tu étais un vrai homme !"

Et puis il se souvint soudain qu'il n'avait jamais connu le nom de cet Homme.

CHAPITRE VII

WILLIAM HENRY ET LA LAITIÈRE

Les problèmes à Five Oaks Farm ont réellement commencé lorsque Matthew Dennison a construit et démarré une laiterie modèle et a jugé nécessaire de retenir les services d'une laitière qualifiée. Bon nombre de gens du quartier se demandaient ce qui avait poussé Matthew à se lancer dans une telle entreprise et le disaient. Matthew ne se souciait pas des commentaires ; il avait dans sa poche, disait-il (comme il aimait beaucoup le dire), quelque chose qui le rendait indépendant de tout ce qu'on pouvait penser ou dire. C'était son caprice de construire une laiterie modèle, tout comme c'est le caprice de certains hommes de cultiver des roses ou d'élever des moutons de valeur à grands frais, et il l'a construit. Tout était très propre une fois terminé, et la campagne admirait ses nombreuses beautés et ses équipements modernes sans y comprendre grand-chose. Et puis vint la question de trouver une laitière parfaitement experte.

Quelqu'un - probablement le vicaire - conseilla à Matthew de faire une annonce dans l'un des journaux agricoles, et lui, sa femme et leur fils unique, William Henry, passèrent donc une soirée entière à rédiger un avis de vœux approprié, qu'ils envoyèrent le lendemain à plusieurs revues de nature probable. Au cours des quinze jours suivants, les réponses commencèrent à arriver, et la famille se réunissait en comité tous les soirs après le goûter, les considérant sérieusement. Ce n'est cependant qu'après avoir reçu une cinquantaine ou une soixantaine de ces candidatures qu'une candidature vraiment prometteuse s'est présentée. C'était d'une certaine Rosina Durrant, qui écrivait quelque part dans le Dorsetshire. Elle se décrit comme ayant vingt-cinq ans, parfaitement qualifiée pour prendre entièrement en charge une laiterie modèle et désireuse d'acquérir une certaine expérience dans le nord de l'Angleterre. Elle a donné des détails sur son expérience passée, a exposé les détails des conditions qu'elle attendait et a joint un splendide témoignage de son employeur actuel, qui s'est avéré être une comtesse bien connue.

Matthieu se frotta les mains.

"Maintenant, c'est la très jeune femme que nous voulons !" il a dit. "J'ai toujours dit dès le début que je n'aurais que ce qui était de première classe. J'enverrai à cette jeune personne mes références, j'accepterai ses conditions et je lui dirai de commencer dès qu'elle le pourra. "

"J'ai bien peur qu'elle soit plutôt chère, mon amour", murmura Mme Dennison.

"Je ne suis pas en train de prendre quelques kilos d'une manière ou d'une autre", répondit Matthew. " Je fais partie de ceux qui croient qu'il est important de bien faire les choses quand on les fait. Les deux dernières années avec une comtesse, quoi ? Ce qui conviendrait à une comtesse me conviendra. William Henry, tu peux sortir l'écriture... bureau, et nous rédigerons immédiatement une lettre à cette jeune femme.

William Henry, qui ne s'intéressait que peu ou pas à la laiterie modèle et la considérait ni plus ni moins comme une mode inoffensive de son père, accéda à cette demande et passa une demi-heure à écrire une élégante épître après le à la mode de ceux qu'on lui avait appris à composer au pensionnat où il avait fait ses études. Après cela, il ne se soucia plus de la laitière, étant beaucoup plus occupé de la gestion de la ferme et de quelques journées de chasse et de tir de temps en temps que de choses qui ne relevaient pas de sa sphère. Mais environ une semaine plus tard, son père ouvrit une lettre à la table du petit déjeuner et poussa une exclamation de satisfaction.

"Maintenant, la jeune femme arrive aujourd'hui", annonça-t-il. "Elle sera à la gare de Marltree à seize heures trente précises. Bien sûr, quelqu'un devra venir la chercher, et ce quelqu'un ne peut pas être moi, car j'ai une réunion des Gardiens à Cornborough à ce même moment-là. heure. William Henry, vous devez conduire la charrette à chiens.

William Henry n'était pas très content de cette idée, car il avait eu l'intention d'aller à la pêche. Mais il se souvint qu'il pouvait aller pêcher tous les après-midi s'il le voulait, et il acquiesça.

"Je me demandais, Matthew", a déclaré Mme Dennison, qui parcourait la lettre à travers ses lunettes ; "Je me demandais où mettre cette jeune personne. Vous pouvez voir dans ses écrits qu'elle est d'une meilleure sorte - il n'y a pas de personnes ordinaires qui écrivent et s'expriment dans ce style. Je suis sûr qu'elle ne voudra pas avoir ses repas avec les hommes et les gels dans la cuisine, et bien sûr nous ne pouvons pas l'amener entre nous, pour ainsi dire.

Matthieu se gratta la tête.

"Deng mes boutons!" il a dit. "Je n'ai jamais pensé à ça là-bas ! Bien sûr, elle sera ce qu'on appelle une sorte de servante supérieure, comme les gens de qualité. Oui, bien sûr ! Eh bien, voyons voir maintenant, je vais vous dire quoi faire, Missis. Laissez-lui le petit salon - nous l'utilisons à peine - comme son propre salon, et elle pourra y manger. C'est l'arrangement le plus sensible auquel je puisse penser. Alors nous conserverons tous nos différents rangs. Que pensez-vous dites, William Henry ?

William Henry dit qu'il était d'accord avec tout et commença à préparer son copieux petit-déjeuner habituel. Il ne pensa plus à son expédition de l'après-midi jusqu'à ce que l'heure du départ vienne, puis il fit atteler la jument brune à une intelligente charrette à chien et partit le long des routes en direction de Marltree, à huit kilomètres de là. C'était un agréable après-midi de début avril, et la terre bénéficiait de la nouvelle chaleur du printemps. Et William Henry pensait combien il aurait été heureux avec sa canne à pêche.

Marltree est un carrefour où plusieurs lignes convergent, et lorsque le train venant du sud est arrivé, plusieurs passagers en sont descendus pour emprunter d'autres itinéraires. Parmi cette foule, William Henry ne put rien déceler qui ressemblait à la nouvelle laitière. Assis sur un siège en face du train, il scrutait tout le monde et les résumait. Il y avait un ecclésiastique et sa femme ; il y avait un marin ; il y avait trois ou quatre voyageurs de commerce ; il y avait quelques indescriptibles. Puis son attention se tourna vers une belle jeune femme qui descendait d'une voiture avec une brassée de livres et de papiers et se précipitait vers le fourgon à bagages - elle était si belle, si bien habillée et avait une si belle silhouette que les yeux de William Henry suivirent. elle avec admiration. Puis il se souvint de la raison pour laquelle il était venu et chercha de nouveau la laitière. Mais il n'a rien vu qui la suggère.

Les gens s'éloignèrent, la plate-forme fut dégagée et il ne resta plus que la belle jeune dame et William Henry. Elle se tenait près d'une malle et regardait autour d'elle avec attente ; il se leva, avec l'intention de partir. Un porteur parut ; elle lui parla ; le portier se tourna vers William Henry.

"Voici une dame qui vous demande, monsieur", dit-il.

La dame s'avança avec un sourire et lui tendit la main.

« Êtes-vous M. Dennison ? » dit-elle. "Je suis Miss Durant."

Le premier réflexe de William Henry fut d'ouvrir la bouche de manière caverneuse, le second d'enlever son chapeau.

"Comment vas-tu?" » dit-il d'une voix hésitante. "Je—je te cherchais."

"Mais bien sûr, tu ne me connais pas", dit-elle. "Je te cherchais."

"J'ai une charrette à chiens dehors", a déclaré William Henry. "Tiens, Jenkinson, amène les affaires de cette dame dans mon piège."

Il escorta Miss Durrant, qui l'avait déjà jugé comme un jeune homme simple mais très beau, jusqu'à la charrette à chiens, vit ses bagages rangés en toute sécurité à l'arrière, l'aida à monter, la borda dans une épaisse couchette. tapis, s'y installa et partit.

"J'ai vraiment hâte de voir votre laiterie, M. Dennison", a déclaré Miss Durrant. "Ce doit être tout un modèle d'après votre description."

William Henry se tourna et la regarda. C'était une très belle jeune femme, décida-t-il, une brune, avec un teint riche, des yeux sombres, une bouche mûre et un sourire éclatant, et sa voix était aussi agréable que son visage.

« Seigneur vous bénisse ! » il a dit. "Ce n'est pas ma laiterie, je n'y connais rien en production laitière. C'est celle de mon père."

Miss Durrant rit joyeusement.

"Oh je vois!" dit-elle. "Vous êtes le fils de M. Dennison. Comment dois-je vous appeler, alors ?"

"Je m'appelle William Henry Dennison", a-t-il répondu.

"Et que faites-vous, M. William ?" elle a demandé.

"Prenez soin de la ferme", répondit William Henry. « Père ne fait plus grand-chose de cette façon maintenant – il est en quelque sorte à la retraite. Connaissez-vous quelque chose en agriculture ?

"J'aime tout dans une ferme", a-t-elle répondu.

"Est-ce que tu t'occupes des cochons ?" » demanda-t-il avec impatience. "Je me consacre beaucoup à l'élevage de porcs depuis un an ou deux, et j'ai certains des meilleurs porcs d'Angleterre. J'ai obtenu un premier prix au Smithfield Show l'année dernière; je vais vous le montrer. quand nous rentrerons à la maison. Il y a un certain intérêt, maintenant, pour l'élevage de porcs primés.

Avec une conversation si agréable, ils passèrent le temps jusqu'à ce qu'ils arrivent en vue de Five Oaks Farm, en voyant laquelle Miss Durrant fut immédiatement perdue dans l'admiration, disant que c'était la plus belle maison ancienne qu'elle ait jamais vue, et que ce serait un délice. pour y vivre.

"Certaines d'entre elles ont plus de cinq cents ans", a déclaré William Henry. "Et notre famille l'a construit. Nous ne louons pas notre terre, vous savez, c'est la nôtre. Il y a six cents acres, et aussi de bonnes terres rares."

Sur ce, il remit Miss Durrant à sa mère, qui était visiblement aussi surprise que lui de son apparence, puis se rendit en voiture aux écuries, se demandant toujours comment une dame était devenue laitière.

"Et je suis sûre que je ne sais pas, Matthew", dit Mme Dennison à son mari ce soir-là dans l'intimité de leur propre chambre, "je ne sais vraiment pas comment Miss Durrant devrait être traitée. Vous pouvez voir Pour vous-même, quelles sont ses manières ? Une vraie dame. Bien sûr, nous savons tous de nos jours que les vendeuses et autres se donnent des airs de duchesses et singent leurs manières, mais Miss Durrant est la vraie chose, ou bien c'est moi. Je ne suis pas juge. C'est tout à fait comme si son peuple était tombé dans le monde, et elle doit gagner sa propre vie, la pauvre !

"Eh bien, peu importe, Jane Ann," dit Matthew. " Dame ou pas dame, c'est ma laitière, et tout ce que je lui demande, c'est qu'elle fasse son travail à ma satisfaction. Si c'est une dame, vous verrez qu'elle gardera toujours à l'esprit que sa position actuelle C'est celle d'une laitière, et elle se comportera en conséquence. Nous verrons ce que demain apportera.

Ce que le lendemain apportait, c'était le spectacle de la laitière, dûment vêtue de vêtements professionnels d'une teinte impeccable, occupée à accomplir ses devoirs. Matthew passa toute la matinée avec elle à la laiterie et revint au dîner rayonnant de satisfaction.

"C'est une vraie clinker, n'est-ce pas, cette fille !" s'est-il exclamé à sa femme et à son fils. "J'ai trouvé un trésor parfait."

Le trésor parfait s'est installé dans sa nouvelle vie avec une rapidité remarquable. Elle a accepté sans hésitation les dispositions prises par Mme Dennison. Mme Dennison, avec l'observation perçante d'une femme, remarqua qu'elle ne restait jamais inactive. Elle était dans la laiterie toute la journée ; la nuit, elle travaillait ou lisait dans sa propre chambre. Elle avait apporté avec elle une quantité de livres ; des magazines et des journaux lui arrivaient constamment. Au fil des jours, Mme Dennison décida que les gens de Miss Durrant étaient très certainement descendus dans le monde et qu'elle avait dû y aller pour gagner sa propre vie.

"Regarde comme elle est bien habillée quand elle va à l'église le dimanche !" dit-elle à Matthieu. "Aucun de vos déguisements criards et affichés, mais tous les meilleurs et les plus discrets, tout comme la dame du Squire. Eh, chérie, personne ne sait ce que cette pauvre jeune femme ne savait peut-être pas. Très probablement, ils ont gardé leurs chevaux et voitures dans des jours meilleurs.

"Il ne semble pas vraiment abattu", a déclaré Matthew. "Cette jeune fille est assez légère. Mais vous, les femmes, êtes toujours fantaisistes."

Tandis que Mme Dennison se livrait à des spéculations sur ce qu'avait été la laitière, au cours desquelles elle formait diverses théories, la plupart penchant vers l'une selon laquelle son père avait été membre du Parlement et avait perdu tout son argent à la Bourse, et tandis que Matthew se contentait de considérer Miss Durrant uniquement en sa qualité professionnelle, William Henry empruntait une tout autre voie. En fait, il tombait éperdument amoureux. Il reçut une première impression lorsqu'il aperçut Miss Durrant à la gare de Marltree ; il en reçut une seconde, beaucoup plus forte, le lendemain matin, lorsqu'il la vit dans le linge impeccable de la laitière professionnelle. Il a commencé à hanter la laiterie jusqu'à ce que sa mère s'en aperçoive.

"Eh bien, je pensais que vous ne vous souciiez pas des produits laitiers, William Henry", dit-elle un jour au dîner. "Je suis sûr que tu ne t'en es jamais approché lorsque ton père l'aménageait."

"A quoi ça sert de voir quelque chose jusqu'à ce qu'il soit terminé et en parfait état de fonctionnement ?" dit William Henry. "Maintenant que c'est parti, autant tout savoir."

"Eh bien, vous ne pourriez pas avoir un meilleur instructeur", a déclaré Matthew. "Elle peut vous montrer quelque chose que vous n'avez jamais vu auparavant, n'est-ce pas Miss Durrant."

Miss Durantant montrait certainement à William Henry Dennison quelque chose qu'il n'avait jamais vu auparavant. Il avait toujours été apathique envers les jeunes femmes et c'était avec les plus grandes difficultés qu'il parvenait à assister à des goûters, à des bals ou à des réunions mondaines, au cours desquelles il se comportait invariablement comme un ours enfermé dans une cage. plein d'animaux qu'il n'aime pas et qu'il ne peut exterminer. Mais il devint évident qu'il commençait à entretenir la société de Miss Durrant. Il hantait la laiterie un après-midi, quand Matthieu s'endormait invariablement ; il trouva des excuses pour amener Miss Durrant dans le cercle familial d'une soirée ; il l'a harcelée au sujet de ses actes constitutionnels quotidiens et, enfin, un dimanche, il lui a délibérément demandé de se rendre à l'église avec lui dans un village voisin. Et là-dessus, les yeux de sa mère s'ouvrirent.

"Matthew", dit-elle, lorsque William Henry et Miss Durrant furent partis, "ce garçon est épris de Miss Durrant. Il se rattrape."

Matthew, qui était enclin à faire une sieste paisible, renifla d'incrédulité.

« Vous, les femmes, avez de telles fantaisies en tête », dit-il. "Je n'ai rien vu."

"Vous êtes tellement aveugles, les hommes", rétorqua Mme Dennison. « Il va toujours à la laiterie… il s'est promené avec elle… il me fait toujours inviter à venir ici pour jouer du piano… »

"Et peu commun, elle y joue aussi !" grogna Matthieu.

"… et maintenant il l'a emmenée à l'église !" a conclu Mme Dennison. "Il est séduit, Matthew, il est séduit !"

Matthew remua avec inquiétude sur sa chaise.

"Eh bien, ma fille !" il a dit. « Vous savez ce que sont les jeunes : ils aiment la compagnie les uns des autres. Pourquoi pensez-vous que j'ai recherché votre compagnie ? Pas pour m'asseoir et vous regarder, comme si vous étiez une image étrange, je sais !

"Eh bien, tout s'est déroulé et s'est terminé de la bonne manière", dit sèchement sa femme. "Mais comment sais-tu où ça va finir ?"

"Je ne savais pas que quelque chose avait commencé", a déclaré Matthew.

Mme Dennison, qui lisait ce qu'elle appelait un livre du dimanche, ôta ses lunettes et ferma le livre en un clin d'œil.

"Matthieu!" dit-elle. "Vous savez que cela a toujours été une chose réglée depuis qu'ils étaient enfants que William Henry épouserait sa cousine Polly, l'unique enfant de votre frère unique John, afin que les biens des deux familles soient unis lorsque viendra le temps pour nous, les vieux, de Et cela doit être exécuté, c'est prévu, Matthew, et nous ne pouvons laisser aucune laitière, qu'elle soit descendue ou non, interférer avec cela !

Matthew, qui dormait à moitié, se rappelait vaguement quelque chose qui avait été dit il y a longtemps, lors de la naissance de Polly, ou lors de son baptême : le moment venu, elle et William Henry, alors âgé de six ans, devaient se marier. John, le frère cadet de Matthew, s'était lancé dans le commerce et était désormais un marchand très aisé à Clothford, dont il avait été maire. Matthew se réveilla un peu, fit un calcul rapide et réalisa que Polly devait maintenant avoir dix-neuf ans.

"Oui, oui, ma fille," dit-il, "mais vous devez vous rappeler que quoi que disent les pères et les mères, les enfants ne sont pas toujours d'accord. William Henry et Polly ne s'entendront peut-être pas. Polly sera une belle jeune femme maintenant, avec toutes ces gouvernantes françaises et ces internats à Londres et à Paris, et ainsi de suite.

"Notre William Henry", dit Mme Dennison avec chaleur et emphase, "est assez bon pour n'importe quelle jeune femme de sa propre classe. Et un homme qui possède six cents acres de terre est aussi bon que n'importe quel marchand de Clothford, même si il a été maire ! Et maintenant, écoutez-moi, Matthew Dennison. J'ai reçu hier une lettre de Mme John disant qu'elle pensait que cela ferait du bien à Polly d'aller à la campagne, car elle avait l'air un peu pauvre depuis qu'elle Je suis revenu de Paris et je me suis demandé si nous pouvions nous contenter d'elle pendant quelques semaines. Ainsi, demain matin, j'irai à Clothford et la ramènerai avec moi - j'ai déjà écrit pour dire que je devrais. Je l'ai vue pendant cinq ans - elle était alors jolie et doit être une beauté maintenant, et nous espérons qu'elle et William Henry se réuniront. Et si vous suivez mon conseil, Matthew, vous vous débarrasserez de la laitière."

Matthew se leva lentement de sa chaise.

"Alors je suis en colère si je fais quelque chose de ce genre !" il a dit. « Vous pouvez aller chercher Polly et lui souhaiter la bienvenue, mademoiselle, et rien ne me plaira plus que si elle et William Henry s'entendent bien, même si, en règle générale, je n'approuve pas le mariage de cousins. Mais je ne vais pas le faire. débarrassez-vous de ma laitière pour pas de Pollies, ni encore pas de William Henrys, ni pour rien, alors voilà !

Alors Mme Dennison remit ses lunettes et rouvrit son livre du dimanche, et M. Dennison se prépara un verre au buffet et alluma un cigare, et pendant longtemps on n'entendit aucun son autre que le ronronnement du chat sur le buffet. foyer et le tic-tac de l'horloge grand-père dans le coin.

Miss Mary Dennison arriva le lendemain soir, en compagnie de sa tante, et reçut un accueil cordial et bruyant de la part de son oncle et de son cousin. C'était une jeune fille de dix-neuf ans, extrêmement jolie et vive, aux cheveux dorés et aux yeux violets, qui eût été à peu près aussi à sa place pour diriger une ferme que pour présider un tribunal. Mais Mme Dennison a décidé qu'elle n'était que l'épouse de William Henry et elle a fait tout ce qu'elle pouvait pour les réunir. Mais pour cela, aucun effort n'était nécessaire. William Henry et son cousin semblaient immédiatement devenir rapidement amis. Le lendemain de l'arrivée de Polly, il l'emmena faire une longue promenade dans les champs ; quand ils revinrent, en retard pour le thé, il semblait y avoir une très excellente entente entre eux. Après cela, ils étaient presque inséparables - il y avait peu de choses à faire à la ferme à ce moment-là, et il y avait un contremaître compétent pour voir ce qui se faisait, alors William Henry, pour le plus grand plaisir de sa mère, a commencé à emmener Polly pour de longues promenades dans les environs. pays. Ils partaient tôt le matin et revenaient tard dans l'après-midi, chacun de bonne humeur. Et les espoirs de Mme Dennison étaient grands, et son moral était aussi bon que le leur.

Mais il y avait deux choses que Mme Dennison ne pouvait pas comprendre. La première était que Miss Durrant était toujours aussi légère et aussi ardue dans ses travaux, malgré le fait que William Henry ne se promenait plus avec elle ni ne l'emmenait à l'église. La seconde était que lorsque lui et Polly ne conduisaient pas, ils passaient un temps considérable dans la laiterie modèle d'un après-midi avec Miss Durrant, et des sons indubitables de grande hilarité en sortaient. Mais elle considérait cela avec indulgence étant donné les circonstances.

"Quand ils sont ensemble", dit-elle, "les jeunes ont tendance à se réjouir. Bien sûr, j'ai dû me tromper sur le fait que William Henry était amoureux de la laitière, étant donné à quel point il est maintenant dévoué à son cousin. Il était sans aucun doute solitaire. ... les jeunes hommes sont comme ça, même si je dois dire que William Henry ne s'est jamais montré partial envers les jeunes femmes.

Aussi partial que William Henry ait pu ou non se montrer envers les jeunes filles dans le passé, il était certain qu'il se rattrapait à ce stade de son existence. Les longs trajets avec Polly se sont poursuivis et Polly est revenue de chaque trajet avec une humeur plus élevée que jamais. Mme Dennison s'attendait à entendre chaque jour que ses espoirs les plus chers se réaliseraient.

Et puis vint le point culminant. Un soir, après l'un des trajets d'une journée, William Henry annonça au cercle familial qu'il se rendrait à Clothford le lendemain matin et qu'il devrait prendre son petit-déjeuner un peu plus tôt que d'habitude. Le lendemain, à neuf heures, il était parti, et Mme Dennison, non sans un sourire narquois, remarqua que Polly était inquiète et réfléchie, et développa une agitation qui empirait de plus en plus. Elle essaya d'intéresser la jeune fille d'une manière ou d'une autre, mais Polly se glissa jusqu'à la laiterie et passa toute la journée, à l'exception des repas, avec Miss Durrant. Le soir et le goûter arrivaient, elle pouvait à peine manger ou boire, et ses yeux se tournaient perpétuellement vers l'horloge de son grand-père.

« Si William Henry a raté cinq heures trente, ma chère, » dit Mme Dennison, « il est certain d'attraper six heures quarante-cinq. Il n'a jamais été du genre à se promener à Clothford un soir, et… »

Et à ce moment-là, la porte du salon s'ouvrit et William Henry entra.

La jeune fille se leva et Matthieu et sa femme, qui l'observaient attentivement, la virent blanchir jusqu'aux lèvres. Et William Henry l'a vu aussi, et il a fait un pas et l'a attrapée par les mains.

"Tout va bien, Polly," dit-il. "Tout va bien ! Tu vois !"

Il sortit une lettre de sa poche, déchira l'enveloppe et remit la pièce jointe à son cousin. Elle en parcourut le contenu comme si elle était hébétée, puis, avec un cri sauvage de joie, elle jeta ses bras autour de William Henry et le serra dans ses bras. Et puis elle s'est jetée sur la chaise la plus proche et s'est mise à pleurer visiblement de pur bonheur.

« Merci pour nous, William Henry Dennison, quelle est la signification de ceci ? » s'exclama la mère de William Henry. "Qu'est-ce que ça veut dire?"

William Henry récupéra la lettre.

"Cela veut dire ceci, maman", dit-il. "C'est une lettre d'oncle John à Polly, donnant son plein consentement à son mariage avec un jeune homme qui l'aime et qu'elle aime - je l'emmène le rencontrer depuis un mois (c'est pourquoi nous sommes allés pendant si longtemps conduit), et il est vraiment un bon gars, et c'est ce que dit l'oncle John, maintenant qu'il l'a enfin rencontré. Vous voyez, Polly m'a tout raconté le premier jour où elle est venue ici - et pourquoi, bien sûr - "

Sur ce, William Henry sortit de la pièce dans un silence significatif.

"Bien sûr", a déclaré Matthew; "Bien sûr, si mon frère John approuve le jeune homme, cela équivaut à apposer un poinçon sur de l'or ou de l'argent."

Polly se leva d'un bond et l'embrassa. Puis elle a embrassé Mme Dennison.

"Mais, oh, Polly, Polly !" dit Mme Dennison. "Je voulais que tu épouses William Henry!"

"Mais je n'aime pas William Henry de cette façon, tante", répondit Polly. "Et en plus, William Henry aime——"

Et juste à ce moment-là, William Henry fit une seconde apparition dramatique, se tenant très droit et très raide, et menant Miss Durrant.

"Père et mère," dit-il, "cette dame va être votre fille."

Les ennuis à Five Oaks Farm se sont donc bien terminés. Car tout le monde était convaincu que le meilleur était arrivé et était donc heureux.

CHAPITRE VIII

LE SPOIL AU VICTOR

L'homme de loi, fade, courtois, aux manières d'antan, inclina sa chaise, joignit le bout de ses doigts et sourit à l'homme aux cheveux gris et aux traits durs qui était assis, sombre et silencieux, de l'autre côté de la rue. son bureau.

« Mon cher M. Nelthorp ! dit-il du ton de quelqu'un qui prononce un jugement définitif. "Peu importe un mètre de cette bande, ce que disent Sutton ou ses avocats. Nous savons – sachez, attention ! – qu'il lui est totalement impossible de contracter les hypothèques. Il est à votre merci. "

Martin Nelthorp fixait fixement le visage souriant de M. Postlethwaite – quelque part au fond de sa conscience mentale, il se demandait pourquoi Postlethwaite souriait toujours de cette manière douce et suave lorsqu'il prodiguait des conseils depuis son fauteuil. C'était un sourire qui semblait toujours présent quand on le voulait, et il n'était jamais aussi doux que lorsqu'il s'agissait de choses désagréables. Il semblait à Martin Nelthorp qu'il n'y avait pas de quoi sourire dans le sujet dont ils discutaient – il n'y avait certainement ni humour ni plaisir dans la situation pour le sujet immédiat de la discussion, Richard Sutton. Mais M. Postlethwaite continuait de sourire et de pencher un peu la tête d'un côté, observant son client entre ses paupières mi-closes.

"À votre merci," répéta-t-il doucement. "Absolument à votre merci."

Martin Nelthorp secoua un peu sa grande silhouette – comme le ferait un dogue s'il se mettait soudainement en activité. C'était un homme grand et sa silhouette robuste semblait remplir le bureau ; sa voix, quand il parlait, était très grave et forte.

"Ce que vous voulez dire," dit-il en fixant ses yeux gris vifs sur l'avocat, "ce que vous voulez dire, c'est que si je veux, je peux le ruiner ?"

M. Postlethwaite sourit et s'inclina.

"Vous comprenez exactement ce que je veux dire, mon cher monsieur," dit-il doucement. "Ruine est le mot."

"Ce n'est pas un mot très agréable à entendre ou à utiliser en relation avec un homme", a déclaré Martin Nelthorp.

M. Postlethwaite toussa. Mais le sourire restait autour de ses lèvres rasées.

« La ruine de la plupart des hommes, mon cher ami, dit-il oraculairement, est provoquée par eux-mêmes.

"Juste comme ça", a déclaré Martin Nelthorp. "Tout de même, la touche finale est généralement apportée par quelqu'un d'autre. Tu es sûr que Sutton est aussi mal loti que ce que tu prétends ?"

M. Postlethwaite fouilla dans ses papiers et se tourna vers quelques notes de service. Il griffonna certains chiffres sur un bout de papier et se tourna vers son client.

"La situation, mon cher M. Nelthorp," dit-il, "est exactement la suivante. Vous détenez une première et une deuxième hypothèque sur le moulin à farine de Sutton et sur sa maison et ses terres - en fait, sur toute sa propriété, et la somme que vous avez avancé représente chaque centime de la valeur totale. Il vous manque maintenant, principal et intérêts, exactement neuf mille sept cent cinquante-trois livres, dix shillings et quatre pence. Il ne peut pas payer cet argent - en effet, je me demande s'il pourrait en si vous avez une chance d'en trouver un quart, vous êtes en position de saisir immédiatement. »

"Tu veux dire que je peux le vendre ?" » dit franchement Martin Nelthorp.

"Serrure, crosse et barillet !" répondit M. Postlethwaite.

Martin Nelthorp se frotta le menton.

"Ce n'est pas une bonne chose de ruiner un homme, et sa famille avec lui", a-t-il fait remarquer.

M. Postlethwaite toussa de nouveau. Il ôta ses lunettes à monture d'or et affecta de les polir avec beaucoup de soin.

"Y a-t-il une raison particulière pour laquelle vous devriez penser à Sutton avant de penser à vous-même ?" dit-il doucement.

Le visage de Martin Nelthorp s'assombrit et un regard dur, presque vindicatif, apparut dans ses yeux. La main qui tenait son bâton de frêne se serra dessus.

"Non!" il a dit. "C'est qu'il n'y en a pas ! Au contraire..."

"Oui, juste comme ça, juste comme ça !" dit l'avocat. "Bien sûr, c'est une vieille histoire maintenant, mais les vieilles blessures vont irriter, mon cher monsieur, les vieilles blessures vont irriter!"

Martin Nelthorp fixait fixement M. Postlethwaite sous ses sourcils gris et broussailleux. Il se leva lentement, boutonna son grand cabriolet et enfila son chapeau à larges bords et à couronne basse, regardant toujours l'homme de loi.

"Eh bien, je vous souhaite le bonjour," dit-il. "Il est temps que je rentre à la maison, et je n'ai pas encore rencontré d'homme au George and Dragon. Ne faites rien de plus dans cette affaire jusqu'à ce que vous me revoyiez. bien sûr, Sutton ne sait pas que j'ai racheté les deux hypothèques ? »

"Il n'en a pas la moindre idée, mon cher monsieur", répondit le notaire.

Martin Nelthorp hésita un instant, puis hocha la tête comme pour souligner ce qu'il venait de dire, et échangeant de nouveau ses adieux avec M. Postlethwaite, il sortit sur le marché de la petite ville de campagne, retombant maintenant dans la somnolence à la fin d'un mois d'octobre. jour. Il resta un moment au pied des marches de M. Postlethwaite, apparemment perdu dans ses pensées, puis s'éloigna lentement en direction du George et du Dragon. L'homme qu'il espérait y rencontrer n'était pas encore arrivé ; il s'assit dans le salon, vide de toute autre présence que la sienne, et se livra à la réflexion. À sa merci — enfin ! — après près de trente ans d'attente, à sa merci ! Le seul ennemi qu'il ait jamais connu, le seul homme qu'il ait jamais eu raison de haïr d'une haine amère et éternelle, était maintenant, par les décrets du destin, par le tourbillon de la roue de la fortune, mis en son pouvoir. S'il le voulait, lui, Martin Nelthorp, pourrait ruiner Richard Sutton, le chasser du vieil endroit dans lequel les Sutton vivaient depuis des générations, vendre chaque mètre de terre, chaque meuble qu'il possédait, le quitter et ses... mendiants.

Et tandis qu'il était assis là dans le salon sombre, regardant le feu avec des yeux sombres, il se dit : Pourquoi pas ? Après tout, on avait dit autrefois : *Œil pour œil, dent pour dent* ! Il se dit encore : Pourquoi pas, maintenant que l'heure et l'occasion étaient venues ?

Nelthorp laissa son esprit revenir en arrière. Il avait maintenant près de soixante ans, c'était un homme robuste et chaleureux, le plus grand et le plus intelligent fermier de la région, riche, respecté, apprécié par les grands, admiré par les petits ; un homme d'influence et de pouvoir. Il descendait dans la vallée de la vie sous un beau coucher de soleil et des airs doux du soir, et rares étaient ceux qui ne lui enviaient une carrière prospère et la perspective d'une vieillesse verte. Mais Martin Nelthorp avait toujours porté un chagrin, un chagrin irritant dans son cœur, et il y pensait tandis qu'il regardait avec des yeux sombres l'éclat rouge et terne des cendres maussades dans la cheminée. C'était la pire sorte de chagrin qui puisse arriver à un homme de son type de caractère, car il était à la fois sensible et fier, prompt à ressentir une blessure ou une légère, lent à laisser s'éloigner de lui le souvenir de l'une ou l'autre. On dit d'un Yorkshireman qu'il gardera une pierre dans sa poche pendant dix ans dans l'espoir de rencontrer un ennemi, et qu'il la retournera à la fin de cette période si l'ennemi n'est pas par hasard. Martin Nelthorp aurait peut-être tourné la pierre deux fois, mais il l'aurait fait sans aucun sentiment de vengeance. Il n'avait rien de vindicatif chez lui, mais il avait une croyance ferme et israélite dans la justice et dans le châtiment.

Les incidents – méchants, ignobles – de son tort se présentèrent devant lui alors qu'il attendait là, et leurs couleurs étaient aussi fraîches que jamais. Vingt-cinq ans auparavant, il était sur le point de se marier avec Lavinia Deane, célèbre dans tout le pays pour sa beauté et sa vivacité. Tout était arrangé ; le jour du mariage était fixé ; les invités invités; les parures de la mariée renvoyées à la maison. Soudain, une nouvelle arriva qui fit pleurer les femmes et sourire les hommes. Presque à la veille du mariage, Lavinia s'est enfuie avec Richard Sutton et s'est mariée avec lui dans une ville lointaine. C'était une mauvaise affaire, disaient tout le monde, car Richard Sutton était l'ami intime de Martin Nelthorp depuis son enfance et devait être son témoin au mariage. Personne ne pouvait concevoir comment cela était arrivé ; la jeune fille avait toujours semblé amoureuse de Martin et n'avait jamais été vue en compagnie de Sutton. Mais les faits étaient là : ils étaient mariés et Martin Nelthorp était un homme amèrement déçu et lésé. L'homme qui lui avait annoncé la mauvaise nouvelle ne parlerait jamais de la façon dont il avait reçu cette nouvelle, de ce qui s'était passé entre eux, ni de ce qu'il avait dit en apprenant la fausseté de sa bien-aimée et la trahison de son ami, mais la rumeur courait communément. qu'il avait juré un terrible serment de vengeance sur l'homme et la femme qui avaient détruit sa vie. Et les voisins et les habitants du quartier regardaient avec impatience ce qui allait se passer.

Mais les années ont passé et rien ne s'est produit. Richard Sutton et sa femme sont restés loin du village pendant un certain temps ; leur retour immédiat n'était pas nécessaire, car Sutton avait une belle affaire de meunier de maïs et pouvait se permettre de nommer un directeur compétent en son absence. Mais ils revinrent enfin, et comme la ferme de Martin Nelthorp se trouvait à moins d'un mile du moulin, les gens occupés se demandèrent comment les choses se passeraient lorsque les deux hommes se rencontreraient. D'une manière ou d'une autre, ils ne se sont jamais rencontrés – du moins, personne n'a jamais entendu parler de leur rencontre. Nelthorp resta dans sa ferme ; Sutton à son moulin. Les années passaient et les choses se réduisaient à un état de quiétude ou d'indifférence : les hommes se croisaient sur la place du marché ou sur la grande route et n'y prêtaient aucune attention. Mais les observateurs attentifs remarquaient que lorsqu'ils passaient de cette façon, Sutton passait la tête détournée et l'œil baissé, tandis que Nelthorp marchait à grands pas ou continuait sa route, la tête en l'air et l'œil fixé droit devant lui.

Qu'ils aient été maudits ou non, Sutton et sa femme n'ont pas prospéré. Presque à partir du moment de leur mariage, les affaires tombèrent en ruine. À l'époque de son grand-père et de son père, il y avait peu de concurrence ; l'ouverture de la campagne par les chemins de fer fit une grande différence dans le commerce de Sutton. Ses machines sont devenues obsolètes et il a négligé de les remplacer par des neuves jusqu'à ce qu'une grande partie de son activité lui échappe. D'une manière ou d'une autre, les choses allèrent de mal en pis ; il lui fallut emprunter, et emprunter encore, en espérant toujours un renversement de la marée qui ne vint jamais. Et finalement, grâce à l'intervention de M. Postlethwaite, tout ce qu'il possédait fut hypothéqué au profit de Martin Nelthorp.

Martin, au cours de ces années, avait extrêmement prospère. Il avait eu de la chance dans tout dans sa vie, sauf son histoire d'amour. Il avait d'abord de l'argent – en abondance et en réserve – et il savait comment l'utiliser au mieux. Il fut l'un des premiers à comprendre l'importance des machines permettant d'économiser du travail et à les introduire à temps sur ses terres. Encore une fois, rien ne pouvait détourner son attention de ses terres. Il a chassé toute idée de mariage de sa tête lorsque Lavinia lui a prouvé sa tromperie ; en effet, on ne l'a jamais vu par la suite parler à une femme, sauf pour affaires. Pendant quelques années, il vécut seul dans la vieille ferme où il était né. Puis sa sœur unique a perdu son mari et est venue vivre avec Martin, emmenant avec elle son seul enfant, un garçon, qui portait le nom de son oncle. Très vite, elle mourut elle aussi, et le garçon constitua désormais le seul intérêt humain de Martin. Il se dévoua à lui ; l'a éduqué; lui apprit tout ce qu'il savait lui-même sur l'agriculture et lui fit savoir que le moment venu, son neveu prendrait sa place. Les deux étaient inséparables ; maintenant, lorsque le garçon avait atteint l'âge d'un homme et que l'homme était devenu gris, ils étaient connus à des kilomètres à la ronde sous les noms de Old Martin et Young Martin.

Le vieux Martin savait, assis près du feu du salon, que le vieux sentiment de haine contre Richard Sutton n'était en aucun cas mort en lui. Il lui avait volé la femme qu'il aimait, la seule qu'il puisse aimer, et, comme l'avait dit l'avocat, la vieille blessure persistait. Eh bien, il était désormais en son pouvoir de se venger : son ennemi était à ses pieds. Mais… la femme ? Elle aussi serait ruinée, elle serait une mendiante, une paria. Ce serait la mettre à la porte sur la route. Eh bien – son visage devint sévère et ses yeux durs à mesure qu'il y pensait – ne l'avait-elle pas une fois mis sur une route plus longue et plus difficile à parcourir que celle-là ? *Œil pour œil, dent pour dent*....

Il ne lui est jamais venu à l'esprit de se demander s'il y avait des enfants qui pourraient être concernés.

L'homme qui venait alors à son rendez-vous avec Martin remarqua par la suite qu'il n'avait jamais connu M. Nelthorp aussi dur et déterminé dans les négociations que ce soir-là.

Une fois les négociations terminées, Martin Nelthorp monta à cheval et rentra chez lui jusqu'à son confortable coin du feu. C'était toujours un plaisir pour lui de se retrouver sous son propre toit après une longue journée sur les terres ou un après-midi au marché ou aux enchères. Il y eut le repas du soir en compagnie de son neveu ; le fauteuil et le journal ensuite ; la pipe de tabac et le verre de grog avant de se coucher. Et le vieux Martin et le jeune Martin, comme la plupart des gens des environs le savaient bien, ressemblaient plus à des compagnons qu'à des oncles et des neveux ; ils avaient de nombreux goûts en commun : la chasse, le tir, le sport en général, et le plus jeune était un fermier aussi passionné que l'aîné. La compagnie et les conversations ne manquaient donc pas autour du feu du salon de la ferme du manoir.

Mais cette nuit-là, pour la première fois depuis qu'ils s'en souviennent, il y eut un silence et une retenue inhabituels autour de la table du souper. Les deux hommes étaient en général de bons hommes de tranchées : une vie en plein air leur aidait à avoir un appétit copieux et sans faille. Cette nuit-là, ni l'un ni l'autre n'ont beaucoup mangé et ni l'un ni l'autre ne semblaient disposés à beaucoup parler. Le vieux Martin savait pourquoi lui-même se taisait et pourquoi il n'était pas enclin à manger : il était trop préoccupé par l'affaire Sutton. Mais il se demandait ce qui rendait son neveu si silencieux et pourquoi il ne réapprovisionnait pas son assiette comme à son habitude. Quant au jeune Martin, il avait ses propres pensées pour l'occuper, mais lui aussi se demandait ce qui rendait l'aîné si visiblement pensif.

Le vieux Martin resta toute la soirée tranquille et méditatif. Il tenait le journal dans ses mains, mais il ne le lisait pas toujours. Il avait sa pipe préférée entre les lèvres, mais il la laissa sortir plus d'une fois. Le jeune Martin était également préoccupé. Il faisait semblant de lire le *Mark Lane Express*, mais il regardait plus souvent le plafond que la page imprimée. Ce n'était qu'après neuf heures, heure à laquelle ils commençaient généralement à penser au lit, qu'une conversation s'engageait entre eux. Le jeune Martin a commencé, et avec une confusion et une méfiance évidentes.

"Il y a une chose dont je voulais vous parler ce soir, oncle Martin", dit-il. "Bien sûr, je n'en parlerai pas si tu as quelque chose de sérieux à penser, mais tu sais que je ne te cache jamais rien, et——"

"Qu'est-ce qu'il y a, mon garçon ?" » demanda l'homme plus âgé. "Parlez franchement, j'étais juste en train d'étudier un sujet commercial, ce n'est rien."

La méfiance du jeune Martin augmenta. Il remua les pieds, devint très rouge et ouvrit et ferma la bouche plusieurs fois avant de pouvoir parler.

"C'est comme ça", dit-il enfin. "Si vous n'y voyez pas d'objection, j'aimerais me marier."

Le vieux Martin sursauta comme si on lui avait tiré dessus. Il regarda son neveu comme s'il avait dit qu'il allait voler.

"Marié!" il s'est excalmé. "Eh bien, mon garçon, que Dieu soit sur nous, tu n'es encore qu'un jeune !"

"J'ai vingt-six ans, mon oncle", dit le jeune Martin.

"Vingt-six ! Non, non, que Dieu bénisse mon âme, eh bien, je suppose que vous l'êtes. Le temps passe si vite. Vingt-six ! Oui, bien sûr", dit le vieux Martin. "Oui, tu dois l'être, mon garçon. Eh bien, mais qui est la fille ?"

Le jeune Martin devint plus méfiant que jamais. Cela lui semblait un âge avant de pouvoir retrouver sa langue. Mais finalement, il a laissé échapper le nom, d'un seul coup.

"Lavinia Sutton!"

Martin Nelthorp laissa tomber sa pipe et son journal. Il agrippa le dossier de son fauteuil et regarda son neveu comme il aurait regardé un fantôme. Lorsqu'il parlait, sa propre voix lui semblait très, très lointaine.

« Lavinia Sutton ? » dit-il d'une voix rauque. "Quoi... Sutton du moulin ?"

"Oui", répondit le jeune Martin. Puis il ajouta d'une voix ferme : « C'est une gentille fille, oncle Martin, et nous nous aimons vraiment.

Le vieux Martin ne répondit pas immédiatement. Il était plus surpris, plus profondément affligé que son neveu ne le pensait. Pour cacher sa confusion, il se leva de sa chaise et s'occupa de préparer un verre de grog. Une minute ou deux s'écoulèrent avant qu'il ne parle ; quand il parlait, sa voix n'était pas aussi ferme que d'habitude.

"C'est un homme pauvre, Sutton, mon garçon", dit-il.

"Je le sais", dit fermement le jeune Martin. "Mais c'est Lavinia que je veux, pas rien de lui."

"Il est vraiment dans un très mauvais état", remarqua l'homme âgé. "Très mauvais."

Le jeune Martin ne répondit rien. Le vieux Martin but une longue gorgée du contenu de son verre et s'assit.

"Je ne savais pas que Sutton avait des enfants", dit-il distraitement.

"Il n'y a que Lavinia", dit son neveu.

Lavinia ! La réitération de ce nom le blessa comme un couteau : le son le renvoya près de trente ans en arrière. Lavinia ! Et sans aucun doute, la jeune fille ressemblerait à sa mère.

« Vous savez sans doute, mon garçon, » dit-il après une autre période de silence, pendant laquelle son neveu était assis à le regarder, « vous savez sans doute que les Sutton et moi sommes tout sauf amis. Ils... l'homme et sa femme – m'ont fait du tort. Peu importe comment. Ils m'ont fait du tort – cruel !

Le jeune Martin savait tout cela, mais il n'allait pas dire le contraire.

"Ce n'était pas la faute de Lavinia, mon oncle," dit-il doucement. "Lavinia, elle ne ferait de tort à personne."

Le vieux Martin pensait à l'époque où il avait... foi dans les femmes. Il soupira et, buvant son grog, se leva lourdement, comme si on lui avait imposé un certain poids.

"Eh bien, mon garçon," dit-il, "c'est une de ces choses dans lesquelles un homme doit choisir par lui-même. Je n'aimerais pas avoir sur la conscience de m'être jamais mis entre un homme et une femme qui se soucient de lui. L'un pour l'autre. Mais nous en parlerons demain. Je suis fatigué et je dois encore regarder autour de moi.

Puis il sortit pour accomplir sa tâche nocturne, jamais négligée, jamais confiée à qui que ce soit, de parcourir la ferme avant de se retirer pour se reposer. Son neveu remarqua qu'il marchait avec lassitude.

Dehors, dans l'enclos autour duquel chevaux et bétail se reposaient ou dormaient dans une stalle ou une étable, Martin Nelthorp se tenait debout et regardait les étoiles scintiller au-dessus de lui dans un ciel rendu clair par le gel d'octobre. Il se demandait ce qui lui avait amené cette chose : que la seule chose qui lui tenait à cœur dans le monde cherchait une alliance avec les ennemis de sa vie qui, par l'ordonnance de Dieu, se trouvaient maintenant en son pouvoir. Il avait donné au jeune Martin tout l'amour qui avait été écrasé et écrasé ; il était aussi fier de lui que si le garçon eût été le fils de la femme dont il s'occupait ; il avait l'intention de lui laisser tout ce qu'il avait ; il était ambitieux pour lui, et sachant qu'il serait un homme riche, il rêvait que son neveu figurerait dans les affaires du comté, comme conseiller ou magistrat, honneurs qu'il avait lui-même obstinément refusés. Et il n'avait jamais envisagé que le garçon fixe son affection sur la fille de l'ennemi – il avait été surpris de découvrir qu'il la connaissait même.

Martin Nelthorp a parcouru son troupeau et son parc pendant un certain temps, regardant les étoiles avec insistance. Même s'il ne se l'était pas dit, il savait que ce vieil avocat astucieux, Postlethwaite, avait raison lorsqu'il disait que les vieilles blessures irritaient. Il savait aussi que, même si un homme s'efforce d'éloigner cette pensée de lui-même, il reste encore suffisamment de sauvageon primitif en chacun de nous pour rendre la vengeance douce. Et il avait souffert à cause de ces gens – souffert comme il n'aurait jamais pensé souffrir. Il regarda en arrière et se souvint de ce que la vie avait été pour lui jusqu'au jour où la nouvelle de la trahison d'un homme et de la faiblesse d'une femme lui fut rapportée, et il serra les poings et serra les dents, et toute la vieille haine noire revint à la surface. dans son cœur.

"Il ne l'aura pas!" il a dit. "Il ne l'aura pas ! Une bonne fille ! — à quoi bon un tel stock ?"

Puis il rentra à l'intérieur et monta dans sa chambre, et le jeune Martin l'entendit marcher de long en large pendant la moitié de la nuit. Lorsqu'il descendit lui-même le lendemain matin, son oncle était sorti : la gouvernante, très bouleversée par ce fait, voyant qu'une telle chose ne s'était jamais produite depuis quinze ans d'expérience avec lui, dit que le maître n'avait pas pris de petit-déjeuner qu'un un verre de lait et une croûte de pain, et elle espérait qu'il n'était pas malade à cause d'une maladie.

En ce moment, Martin Nelthorp parcourait les ruelles rousses en direction du bourg. Il y avait eu une forte gelée dans la nuit et le ciel au-dessus de lui était clair comme seul un ciel d'automne peut l'être. Tout autour de lui, il y avait des taches rouges, jaunes et violettes, car le feuillage changeait rapidement, et dans les haies il y avait de délicates toiles de gaze. Habituellement, en tant que grand amoureux de la nature, il aurait vu ces choses. Ce matin-là, il a continué tout droit, sombre et déterminé.

Il était si tôt au bureau de M. Postlethwaite qu'il dut attendre près d'une demi-heure l'arrivée de ce monsieur. Mais lorsque M. Postlethwaite est arrivé, son client n'a pas perdu de temps pour aller droit au but.

"Je veux tous mes papiers relatifs à cette affaire Sutton", dit-il. "Avant de décider de ce que je dois faire, je dois les lire moi-même. Donnez-moi tout."

M. Postlethwaite a fait une remarque qui pourrait être facétieuse quant à la phraséologie juridique, mais Martin Nelthorp n'y a prêté aucune attention. Il emporta les papiers avec lui dans une grande enveloppe et, rentrant chez lui d'un pas rapide, les emmena dans la petite pièce qui lui servait de bureau et les feuilleta soigneusement, simplement pour s'assurer qu'ils étaient tous là. Cela fait, il en déchira certains en deux, et, enfermant le tout dans une autre couverture, il l'adressa à Richard Sutton.

Puis le vieux Martin entra dans le salon et y trouva le jeune Martin en train de nettoyer une arme à feu. Il lui donna une tape sur l'épaule, et le jeune homme, levant les yeux, vit que quelque chose avait disparu des yeux et du visage de son aîné.

"Maintenant, mon garçon!" » dit gaiement le vieux Martin. "Vous pouvez épouser la fille, et vous pouvez aller prendre les dispositions nécessaires ce matin. Et pendant que vous y serez, vous pourrez donner ce paquet à Richard Sutton, il comprendra de quoi il s'agit."

Puis, avant que son neveu ait pu retrouver sa langue, Martin Nelthorp se dirigea vers la porte de la cuisine et appela vigoureusement pour son petit-déjeuner.

CHAPITRE IX

UNE COUR ARCADIENNE

Sweetbriar Farm, lorsque j'y suis allé rendre visite à mon cousin, m'a semblé une cristallisation de toutes les douceurs légendaires d'Arcadie telles qu'on les lit dans les poètes et les rêveurs. La maison elle-même avait environ cinq cents ans ; elle avait des fenêtres à carreaux de diamant encadrées de lierre ; d'un côté, là où il n'y avait pas de lierre, les murs gris étaient couverts de clématites, de chèvrefeuille et de jasmin. Il y avait un jardin clos, plein de fleurs ; il y avait un verger où les fleurs tombaient sur une herbe luxuriante dans laquelle poussaient des jonquilles dorées. Au fond du verger coulait un ruisseau brun et mystérieux, dans les bassins plus profonds duquel se cachaient des truites mouchetées. Tout autour de la maison, du jardin et du verger, les oiseaux chantaient, car la saison de nidification et de reproduction était à peine terminée, et la nuit, dans un taillis voisin, un rossignol chantait de tout son cœur à la lune montante.

Dans la vieille ferme, tout était aussi arcadien qu'à l'extérieur. Le salon – par ailleurs le meilleur salon – était un rêve de vieux chêne, de vieille porcelaine, de vieil étain et de vieux tableaux. Cela sentait toujours la rose et la lavande ; on pouvait y fumer le tabac le plus fort sans offense, car le parfum des fleurs était plus puissant. Un rêve aussi était ma chambre à coucher, avec ses draps lavande, ses tentures pittoresques en chintz et son siège de fenêtre profond, dans lequel on pouvait s'asseoir une nuit pour voir le clair de lune jouer sur le jardin et le verger, ou d'un tôt le matin pour regarder la pelouse étoilée de rosée scintiller sous la fraîche lumière du soleil. Et, une fois libérée de la maison, il y avait la grande cuisine à admirer, avec son foyer puissant, ses vieux cuivres et étains, sa vieille horloge de grand-père, ses flitchs et ses jambons suspendus, côte à côte avec des fagots d'herbes séchées, au chêne. chevrons; et au-delà, la laiterie, un endroit frais et ombragé où l'on faisait du beurre doré avec de la crème blanche comme neige ; et au-delà, encore une fois, la cave profonde, semblable à un donjon, où se trouvaient les fûts géants de bière brassée maison – un nectar digne des dieux.

Les gens qui habitaient cette Arcadie n'étaient pas non plus moins intéressants que l'Arcadie elle-même. Mon cousin Samuel est un bel exemple d'Anglais, avec un visage comme le soleil levant et des yeux aussi bleus que les bleuets qui poussent dans ses haies. Il y avait sa femme, une dame gaie et remuante, d'une soixantaine d'années, qui n'était jamais sans un sourire et une parole enjouée, et qui, comme son brave homme, n'avait qu'un regret, que chacun supportait avec une admirable résignation, c'est que le Seigneur l'ait fait. ne leur a jamais donné d'enfants. Il y avait des gens qui allaient et venaient dans la ferme : des hommes au visage rougeaud et brun, des jeunes filles et des vieilles femmes, des enfants à tous les stades de la jeunesse. Et il y avait aussi John William et Susan Kate.

John William Marriner, que l'on appelait généralement John Willie, était l'aîné des deux ouvriers qui vivaient dans la maison. Il s'agissait d'un jeune homme apparemment âgé de vingt et un ans, aussi droit et fort qu'un jeune frêne prometteur. Que ce soit dans son costume du dimanche en serge bleue ou dans ses vêtements de travail en velours côtelé, John Willie était une image de santé rustique : ses joues rouges brillaient toujours, ses yeux bleus étaient toujours brillants ; il avait un appétit gargantuesque, et quand il ne souriait pas, il sifflait ou chantait. Debout avec l'alouette et au travail toute la journée, il passait ses soirées en compagnie de Susan Kate.

Susan Kate était la femme de ménage à tout faire à Sweetbriar Farm – une belle rose anglaise de dix-neuf ans, avec des joues cerise et une paire de grands yeux liquides d'un noir de prunelle qui rendaient ses dents blanches encore plus blanches. C'était une idylle en soi de voir Susan Kate – dont le nom de famille était Sutton – traire les vaches ou nourrir les veaux dans un seau en fer blanc ; c'était encore plus une idylle de la voir, elle et John William, penchés le soir au-dessus de la porte du verger, la journée de travail derrière eux et le rossignol chantant dans le taillis voisin.

Il me semblait que M. Marriner et Miss Sutton étaient certainement amants et que le mariage était à leurs yeux. De temps en temps, ils allaient à l'église ensemble, Susan Kate portant un mouchoir propre et un livre de prières, John Willie portant le parapluie de Susan Kate. Parfois, ils se promenaient le dimanche après-midi ; Je les rencontrai plus d'une fois dans ces occasions, et observai curieusement la manière dont ils faisaient l'amour. Nous nous rencontrions invariablement dans des ruelles ombragées ou des sentiers boisés. Marriner, dans son costume du dimanche, avec une fleur de haie à la boutonnière, arrivait invariablement en premier, portant le parapluie de Miss Sutton, avec lequel il changeait de temps en temps l'herbe ; Miss Sutton, les joues très roses, la suivit à deux mètres de distance. Ils ne semblaient jamais avoir de discours l'un avec l'autre, mais s'ils semblaient timidement conscients, ils étaient indéniablement heureux.

Dans ce paradis apparent entra soudain un serpent.

Un matin, alors que j'y étais seul, entra dans le salon une Susan Kate que je n'avais certainement pas vue auparavant. Cette Susan Kate avait visiblement passé une grande partie de la nuit dans l'affliction : ses yeux étaient rouges et lourds, et même alors, il y avait un frémissement suspect aux commissures de ses lèvres rouges et boudeuses. Elle posa la nappe, posa les assiettes, les couteaux et les fourchettes sur la table comme si elle avait eu l'intention de leur faire du mal.

"Eh bien, Susan Kate !" dis-je. "Qu'y a-t-il ?"

La seule réponse immédiate de Susan Kate fut de renifler bruyamment et de se retirer dans la cuisine, d'où elle revint bientôt avec un jambon froid, non encore découpé, et une laitue croustillante, deux spectacles suffisants pour remonter le moral des cœurs les plus tristes. Mais Susan Kate était apparemment indifférente au confort des créatures. Elle renifla encore et disparut à nouveau, et revint avec les œufs, les toasts et le thé.

"J'ai peur, Susan Kate", dis-je avec toute la gravité digne d'un âge mûr, "j'ai peur que vous ayez des ennuis."

Susan Kate appliqua un coin de son tablier sur son œil gauche alors qu'elle transférait un bol de roses du buffet au milieu de la table du petit-déjeuner. Puis elle a retrouvé sa langue et j'ai remarqué que ses mains tremblaient alors qu'elle réarrangeait ma tasse et ma soucoupe.

"C'est tout ça là Lydia Lightowler !" » éclata-t-elle avec la soudaineté d'une averse d'avril. « Une chose méchante et malveillante ! »

J'ai rapproché ma chaise de la table.

"Et qui est Lydia Lightowler, Susan Kate ?" J'ai demandé.

Susan Kate renifla au lieu de renifler.

"C'est la nouvelle fille de la ferme Spinney", répondit-elle.

"Oh!" J'ai dit. "Je ne savais pas qu'ils avaient une nouvelle fille à la ferme Spinney. Où est passée Rebecca ?"

"'La mère de Becca", répondit Susan Kate, "est tombée malade très soudainement et 'Becca a dû partir. Alors voici Lydia Lightowler qui est venue à sa place. Et j'aurais aimé qu'elle s'arrête d'où elle vient, où que cela puisse être." !"

"Ah!" J'ai dit. "Et qu'a fait Lydia Lightowler, Susan Kate ?"

Susan Kate, dont les yeux orageux étaient fixés sur quelque chose de vacant et qui tordait et détordre son tablier, avait l'air de vouloir confier son esprit à quelqu'un.

"Eh bien, ce n'est pas bien si un jeune homme se réconcilie avec une jeune femme depuis six mois qu'il commence à en avoir avec une autre !" » éclata-t-elle enfin. "C'est plus que ce que la chair et le sang peuvent supporter."

"Tout à fait, tout à fait, Susan Kate," dis-je. "J'apprécie vraiment ce que vous voulez dire. Alors John Willie——"

"J'ai dû faire une course à la ferme Spinney hier soir", a déclaré Susan Kate. " Pour aller chercher une douzaine d'œufs de canard, c'était, pour la demoiselle, et voilà, qui devrais-je rencontrer en marchant dans Low Field Lane, sinon John William et Lydia Lightowler - un méchant chat ! Alors quand je les ai vus, je me suis retourné et est parti dans un autre sens, et quand John William est rentré à la maison, lui et moi avons eu des mots, et ce matin, il n'a pas voulu parler.

Ici, les larmes de Susan Kate recommencèrent à couler, et entendant l'approche de sa maîtresse, elle jeta soudain son tablier sur sa tête et se précipita hors du salon, sans doute pour pleurer un bon coup dans certains des nombreux recoins de l'ancienne ferme. Il était clair que le cœur de Susan Kate était fait d'authentique matière féminine.

Au cours de ma promenade ce matin-là, j'ai traversé le champ dans lequel M. John William Marriner accomplissait sa tâche quotidienne. Habituellement, il chantait ou sifflait toute la journée, et on pouvait le localiser grâce à sa mélodie à au moins 400 mètres. Mais ce matin-là, très beau, John William se tut. Il ne sifflait ni ne chantait, et quand je m'approchai de lui, je vis que son visage bon enfant était assombri. En fait, John William avait l'air maussade, pour ne pas dire boudeur. Il était habituellement enclin à bavarder, mais, cette fois-ci, ses réponses étaient courtes et principalement monosyllabiques, et je ne m'attardais pas à côté de lui. Il était évident que John William était mécontent.

Il y avait donc un nuage sur Arcadie. Sa densité semble augmenter. C'était un mardi quand il s'est levé pour la première fois ; après mercredi, Susan Kate ne pleurait plus, mais se promenait les yeux secs et le nez en l'air, arborant une expression blessée, tandis que John William menait ses occupations quotidiennes d'une manière maussade et sombre. Il n'y avait plus d'idylles à la porte du verger, et la cuisine de la ferme n'entendait plus de rires joyeux.

Mais le lundi matin suivant, j'ai trouvé Susan Kate dressant la table du petit-déjeuner et montrant des signes incontestables de chagrin - en fait, elle avait l'air d'avoir pleuré à chaudes larmes. Et cette fois, il n'était pas nécessaire de solliciter sa confiance, car elle n'était que trop impatiente de raconter ses malheurs.

"Il l'a accompagnée à l'église et à la maison hier soir !" s'exclama Susan Kate, presque en sanglotant. "Et ils se sont assis sur le même banc et ont chanté le même livre, comme ce que lui et moi avions l'habitude de faire. Et Bob Johnson, il les a vus descendre Low Field Lane, et il a dit qu'ils pendaient les bras !"

"Cher, cher, cher !" dis-je. "Ça, Susan Kate, devient sérieux."

"Et c'est l'exposition florale à Cornborough cette semaine", a poursuivi Susan Kate, "et il avait promis à ses fidèles de m'y emmener, mais maintenant j'espère qu'il l'emmènera, une chatte méchante, méchante et malveillante !"

"La conduite de John William est des plus extraordinaires", dis-je. "C'est... oui, Susan Kate, c'est répréhensible. Répréhensible !"

Susan Kate me regarda avec méfiance.

"Je ne veux rien dire contre John Willie", a-t-elle déclaré. "Je sais ce qui ne va pas chez lui. C'est parce qu'elle s'habille si bien - je l'ai vue le premier dimanche où elle est venue à l'église. Et John Willie a un tel sens pour les parures. Mais les belles plumes font les beaux oiseaux. Je pourrais être tout aussi aussi bien qu'elle est si je n'avais pas dû envoyer mon salaire à ma mère lorsque mon père s'est cassé la jambe l'autre semaine. Il y a un chapeau dans la fenêtre de Miss Duxberry à Cornborough qui m'irait bien si seulement je pouvais l'acheter. " J'aimerais voir ce que John Willie dirait alors. Parce que je suis aussi beau qu'elle, n'importe quel jour, malgré ses cheveux jaunes ! "

Puis Susan Kate s'est retirée, probablement pour pleurer encore quelques larmes. Mais le lendemain matin, elle était de nouveau toute fière.

« Il va l'emmener à l'exposition de fleurs », dit-elle en dressant la table du petit déjeuner. "Il l'a dit à Bob Johnson hier soir, et Bob me l'a dit ce matin."

"C'est très mauvais, Susan Kate," dis-je. "Un homme ne devrait jamais rompre sa promesse. Je suis surpris par John William. Ne vous a-t-il rien dit à ce sujet ?"

"Nous ne nous sommes pas parlé depuis que je lui ai dit ce que je pensais de notre rencontre avec elle à Low Field Lane", a déclaré Susan Kate. "Non, s'il la préfère à moi, il peut l'avoir et la bienvenue. Je n'aurai plus rien à faire avec les jeunes hommes, ils sont si inconstants !"

"Veux-tu aller à l'exposition de fleurs, Susan Kate ?" J'ai demandé.

"Non, je ne le ferai pas!" » s'exclama Susan Kate. "Ils peuvent l'avoir pour eux seuls, et alors ils se trouveront adaptés."

Je suis entré dans Cornborough pendant la journée et j'ai découvert où se trouvait la boutique de Miss Duxberry. Il n'était pas difficile de repérer le chapeau auquel Susan Kate avait fait allusion, ni de se rendre compte que la jeune fille avait un goût exceptionnellement bon et qu'il irait très bien à sa richesse de cheveux corbeau. Une étiquette accrochée à son stand annonçait qu'elle venait de Paris et que son prix était d'une guinée – eh bien, Susan Kate valait bien vingt et un shillings de la dernière mode parisienne. En outre, il fallait réfléchir à l'avenir de John William. J'ai donc expédié le chapeau Paris à Sweetbriar Farm par un garçon spécialement mandaté, qui a solennellement promis de se rappeler de quelle tâche il était chargé.

Ce soir-là, après mon retour à la ferme, après mon dîner et une courte conférence avec Susan Kate, je me dirigeai vers la cour, où Bob Johnson, le deuxième « foie-in », se trouvait invariablement dans son des moments de loisirs, assis sur les marches du grenier, et occupés soit à tresser des coups de fouet, soit à fabriquer des sifflets avec des brindilles de frêne. M. Johnson était un jeune homme de vingt ans, au visage lourd et au visage lourd, avec juste assez d'intelligence pour distinguer une charrue d'une herse, et une ferme conviction que le premier devoir de tous les citoyens bien réglementés était de manger et de boire. autant que possible. Je lui ai donné un cigare, qu'il a immédiatement commencé à sucer comme si c'eût été sa propre pipe, et j'ai passé le temps avec lui.

"Je suppose que tu iras à l'exposition de fleurs demain ?" J'ai dit.

M. Johnson secoua la tête à cause de son coup du lapin.

"Je suis sûr que je ne sais pas", répondit-il. "Le maître nous a donné une demi-journée de congé, mais je ne suis pas très doué dans ces occasions. Je doute que je ne sois pas présent."

"Ecoute," dis-je, "voudrais-tu gagner un demi-souverain ?"

Afin de souligner cette magnifique offre, j'ai sorti la pièce de monnaie en question de la poche de mon gilet et j'ai laissé le soleil du soir briller dessus. Les yeux de M. Johnson pétillèrent et il ouvrit la bouche caverneusement.

"Comment?" » dit-il en se grattant l'oreille droite.

«Maintenant, écoutez-moi», dis-je; "Demain après-midi, tu devras mettre tes plus belles tenues et tu devras emmener Susan Kate à l'exposition de fleurs. Je te donnerai deux shillings pour te payer, et cinq shillings à emporter avec toi, et tu tu auras cinq shillings de plus à ton retour.

M. Johnson s'est encore gratté l'oreille.

"Il arrive que Susan Kate ne vienne pas", dit-il d'un ton dubitatif. "Je ne l'ai jamais accompagnée nulle part."

"Susan Kate vous accompagnera", dis-je d'un ton décisif. "Soyez prêt à trois heures. Et rappelez-vous, vous ne devez dire un mot à personne à ce sujet, pas un mot à John William. Si vous le faites, il n'y aura pas dix shillings."

M. Johnson hocha la tête.

"John Willie va à l'exposition florale", remarqua-t-il. "Il va avec la nouvelle servante à la ferme Spinney. Lui et Susan Kate se sont brouillés. Je dis, monsieur!"

"Bien?" J'ai répondu.

"Je ne suis pas un bon gars pour les filles", a déclaré M. Johnson. "Je ne veux pas que Susan Kate pense que je la courtise. Parce que je ne le ferai pas."

"Susan Kate comprendra très bien les choses", dis-je.

"Eh bien, bien sûr, dix shillings font dix shillings", murmura M. Johnson. "Sinon, j'aurais dû m'arrêter à la maison."

Le lendemain, à deux heures et demie, je m'installai dans le jardin d'où je pus voir le décor de l'exposition florale. Bientôt sortit John William, vêtu de ses plus beaux atours et arborant une rose thé jaune. Il s'éloigna vaillamment, mais son visage était sombre et couvert. Un quart d'heure plus tard, Miss Sutton et M. Johnson apparurent au coin de la maison. La dame était vraiment belle dans sa plus belle robe et son nouveau chapeau, et il était très évident à mes yeux blasés qu'elle connaissait sa propre valeur et qu'elle était armée pour la conquête. Il y avait une rougeur sur sa joue et une lumière dans ses yeux qui signifiait beaucoup. Quant à M. Johnson, qui était vêtu d'un manteau noir découpé et d'un pantalon bleu ardoise, et portait un col montant et un chapeau billycock deux tailles trop petit pour lui, il avait l'air aussi heureux que s'il allait instantanément exécution, et regardait misérablement autour de lui comme s'il cherchait une délivrance. Il marchait un mètre derrière Susan Kate – et Susan Kate semblait le considérer comme un chien aux talons.

Il se peut que ce soit environ une heure et demie plus tard que M. Johnson descendit le pré en traînant les pieds vers la ferme, seul. Il avait l'air pensif, mais infiniment soulagé, comme si un grand poids avait été enlevé de son esprit. Je sortis dans la cour et le trouvai assis sur le mur du puits.

"Vous êtes bientôt de retour à la maison", ai-je remarqué.

"Oui," répondit-il, "oui. Je n'ai pas vu d'intérêt à m'arrêter là - les expositions florales ne sont rien dans mon domaine. Bien sûr, j'ai fait ce que vous avez dit, monsieur - j'y ai emmené Susan Kate et je suis entré avec elle. , et je l'ai promenée."

"Et où est Susan Kate ?" J'ai demandé.

M. Johnson a enlevé le billycock trop petit et s'est gratté la tête.

"Eh bien," dit-il, "elle est avec John Willie. Vous voyez, quand elle et moi sommes arrivés, je l'ai accompagnée autour de la grande tente, et nous avons rencontré John Willie et là-bas Lydia Lightowler du Spinney. Susan Kate n'a pas prêté attention à " Je les ai croisés, mais je les ai dépassés comme s'ils n'étaient que de la saleté, et John Willie nous a regardé aussi noir que le tonnerre. Eh bien, nous avons continué, et nous étions arrivés à une partie plus calme quand arrive John Willie tout seul et " Qu'est-ce que tu veux dire, dit-il d'un ton féroce, en promenant ma fille ? Accroche-la, sinon je te briserai tous les os du corps ! " "Je ne savais pas que Susan Kate était ta fille maintenant", dis-je. "Je pensais que tu t'étais disputé." « Accrochez-le ! » dit-il. "Oh, très bien", dis-je. "Vous pouvez régler cela entre vous." Alors j'ai laissé Susan Kate avec lui et je suis rentré à la maison. Vous pourriez me donner les cinq autres shillings maintenant, s'il vous plaît, monsieur.

Ensuite, M. Johnson s'est retiré pour adopter une tenue plus confortable et je suis allé me promener pour méditer. Et en revenant dans le doux crépuscule, je suis tombé sur John William et Susan Kate. Ils s'attardaient devant le guichet, et son bras était autour de sa taille, et juste au moment où je les apercevais, il se pencha et l'embrassa.

Cela expliquait bien sûr l'extraordinaire bonheur sur le visage de Susan Kate lorsqu'elle posa le couvert pour le dîner.

CHAPITRE X

LA VOIE DE LA COMÈTE

S'il devait être vivant (et s'il l'est, il doit être maintenant un homme très âgé et avoir eu suffisamment de temps pour réfléchir à plus d'une chose), Bartholomew Flitcroft aura entendu parler de la comète qui se trouve maintenant dans notre voisinage avec ce que l'on décrit habituellement comme des sentiments mélangés. Je ne me souviens pas vraiment de la date exacte à laquelle la dernière comète de quelque importance nous a rendu visite ; Si Barthélemy existe et a conservé sa mémoire, il a de meilleures raisons de le savoir que la plupart des hommes. Du moins, cela peut être le cas ou non, car personne ne peut jamais prédire comment les choses vont se passer. Lorsque cette comète particulière fut passée et repartie, Bartholomew fut un homme profondément déçu ; s'il avait vraiment des raisons de l'être, personne ne le saura jamais.

En ce qui concerne le statut de Bartholomew dans le monde, il était un petit fermier à Orchardcroft – un homme d'âge moyen, aux os bruts, au visage en forme de hache, dont la plus grande difficulté dans la vie était de se décider sur quoi que ce soit. Si l'idée de semer du blé de printemps ou de planter des pommes de terre lui venait à l'esprit alors qu'il se promenait sur ses terres, il restait immobile où qu'il soit et se grattait l'oreille et réfléchissait et réfléchissait jusqu'à ce que son esprit soit dans un état de chaos. Il avait toujours été comme ça et, étant célibataire, son état empirait en vieillissant. Il ne ferait jamais rien s'il n'avait ce qu'il appelait étudier la situation sous tous les angles, et un jour, lorsqu'une de ses cheminées prit feu, il fut si long à décider vers laquelle des deux villes voisines il enverrait chercher les camions de pompiers. que la pile a été brûlée, et trois autres avec.

Pour autant que quiconque le connaissait, Barthélemy ne s'est jamais intéressé au sujet du mariage avant l'âge de quarante ans. Personne n'a jamais pu le dire avec certitude si sa gouvernante avait épousé le majordome du Hall, mais il est certain qu'il a alors commencé à chercher une épouse. Naturellement, il a fait preuve de la prudence qui le caractérise et il a également mis au point un plan quelque peu original. Il gardait les yeux ouverts chaque fois qu'il allait à l'église ou au marché, et, comme c'était un beau printemps et un beau été lorsque l'idée du mariage lui venait à l'esprit, il commençait à se rendre le dimanche soir à cheval jusqu'aux églises et chapelles des villages voisins avec vue. à surveiller les dames probables. C'est ainsi qu'il décida finalement d'épouser la veuve Collinson, d'Ulceby.

Or, la veuve Collinson était une femme au visage agréable et bien conservée, âgée d'une quarantaine d'étés, dont le premier mari, Jabez Collinson, avait eu une très belle affaire de meunier à Ulceby, et lui avait par conséquent laissé une subsistance confortable. Quand il est mort, elle a continué l'entreprise, et on a dit qu'elle l'améliorait déjà et qu'elle faisait mieux que Jabez. Une telle femme, bien entendu, fut bientôt poursuivie, et d'autant plus qu'elle n'avait aucune charge, comme on appelle les enfants dans cette partie du pays ; Il y avait au moins une demi-douzaine d'hommes qui lui faisaient des yeux de mouton avant que Bartholomew n'entre en scène. Quoi qu'il en soit, personne ne pouvait comprendre ce qui lui avait fait éprouver une sorte d'affection pour Bartholomew, mais le fait est que c'était le cas - en tout cas, Bartholomew commençait à se rendre à Ulceby au moins trois fois par semaine, et il était bien connu que la veuve il lui donnait toujours un souper chaud, parce que les voisins sentaient la cuisine. Un soir, elle lui a cuisiné quelques canards farcis à la sauge et aux oignons et, bien sûr, tout le monde savait alors qu'ils envisageaient des perspectives de mariage. Et ceux qui connaissaient la caractéristique dominante de Barthélemy étaient quelque peu surpris qu'il ait pris sa décision si rapidement.

On a toujours considéré à Orchardcroft que sans M. Pond, le maître d'école, le mariage de Mme Collinson et de M. Flitcroft aurait été dûment célébré cette année-là. Bartholomew avait peut-être causé un certain retard au poste, mais il était clair qu'il était sérieux s'il descendait une fois. Et c'est certainement le maître d'école qui lui a fait faire ce qu'il a fait. Lui et M. Pond étaient voisins proches et ils avaient l'habitude de fumer la pipe dans la maison de l'un ou de l'autre depuis de nombreuses années. Ils buvaient une goutte de quelque chose de réconfortant et s'asseyaient près du feu, et M. Pond avait l'habitude d'annoncer la nouvelle à Bartholomew, parce que Bartholomew ne lisait jamais rien d'autre que les rapports du marché et l'Almanach du vieux Moore. Et une nuit, alors qu'ils se tenaient ainsi compagnie et que Bartholomew pensait à Mme Collinson et à son moulin, M. Pond remarqua en secouant la tête :

"C'est une nouvelle très sérieuse concernant cette comète, M. Flitcroft."

"Quoi de neuf?" demanda Barthélemy.

"Pourquoi cette comète qui se précipite vers nous", répondit M. Pond.

"Qu'est-ce qu'une comète ?" demanda Barthélemy.

"Une comète", a déclaré M. Pond, sur le ton qu'il utilisait lorsqu'il enseignait aux enfants, "une comète est un corps de feu céleste qui se précipite dans l'espace à une vitesse prodigieuse. Elle se précipite vers nous maintenant, monsieur, à des millions et des millions de kilomètres par jour ! »

"Quelle est sa taille?" demanda Barthélemy.

"Beaucoup plus grand que notre terre, M. Flitcroft", répondit le maître d'école. "Sa queue mesure vingt millions de kilomètres de long."

"Et tu dis que ça vient ici ?" continua Barthélemy.

"Les scientifiques sont donc d'accord, monsieur", a déclaré M. Pond. "Oui, ce vaste corps de feu se précipite sur nous comme les bêtes sauvages se précipitent sur leurs proies. Il peut être miséricordieusement détourné et nous effleurer seulement avec sa queue ; il peut s'écraser directement sur nous, et alors..."

M. Pond a terminé avec un « Ah ! » expressif. et Bartholomew le regarda bouche bée.

"Est-ce que tout est vrai ?" Il a demandé. "Est-ce que c'est dans les journaux ?"

— Les journaux, monsieur, en sont pleins en ce moment, répondit le maître d'école. "C'est le sujet de l'heure. Sir Gregory Gribbin, le grand astronome, dit que nous serons très certainement écrasés par la queue. Et si la queue est composée de certains gaz, comme il le pense, eh bien !"

« Que va-t-il se passer ? demanda Barthélemy.

"Nous serons tous asphyxiés, étouffés !" » répondit solennellement M. Pond. "Nous serons flétris comme la balle par un feu féroce."

Après le départ de M. Pond, Bartholomew reprit le *Yorkshire Post* et, pour la première fois, ignora les rapports du marché, sur lesquels il se penchait généralement pendant une heure chaque soir. Il a lu beaucoup de choses savantes sur la comète qui approchait rapidement, et il s'est couché avec le cerveau en tourbillon. Le lendemain matin, il ignora encore une fois les rapports du marché et laissa son café refroidir pendant qu'il en apprenait davantage sur la comète.

Il se trouve que Bartholomew n'a pas pu se rendre à Ulceby pendant plusieurs jours après cela, à cause d'une maladie qui s'est déclarée parmi son bétail, et quand il y est allé ensuite, la veuve a remarqué qu'il avait l'air très inquiet et préoccupé. Comme le bétail allait à nouveau bien, elle se demanda ce qui se passait, mais n'obtint d'abord aucune explication satisfaisante. Bartholomew semblait inhabituellement pensif et se tournait beaucoup les pouces.

"Je dis," dit-il, "je—je pense que nous ferions mieux de reporter l'idée de nous marier jusqu'à ce que nous voyions ce que fait cette comète, hein ?"

"Quelle comète ?" demanda la veuve étonnée.

"Eh bien, cette comète qui approche", répondit Barthélemy. "Cela arrive comme une balle. J'allais mettre les bans ici et à Orchardcroft cette semaine, mais je ne vois pas à quoi ça sert de se marier si nous allons tous être réduits en cendres en un clin d'œil. un œil. Je vous lirai toutes les dernières nouvelles à ce sujet.

Sur ce, Bartholomew, que Mme Collinson regardait à ce moment-là avec des sentiments mêlés d'appréhension et quelque chose qui confinait au mépris, sortit une quantité de coupures de journaux qu'il avait soigneusement découpées dans diverses revues – son goût pour la science s'étant soudainement développé. Il lut les termes astronomiques d'une voix sonore.

"C'est une chose très sérieuse", a-t-il déclaré. "Je pense que nous devons remettre les choses à plus tard. La comète sera bientôt là."

"Je suppose que tu vas y faire attention ?" » dit Mme Collinson d'une voix contrainte.

"Eh bien, moi et M. Pond, notre maître d'école, avons acheté un télescope", répondit Bartholomew avec grandeur. "Oui, nous proposons de faire ce qu'ils appellent des observations."

"Je suis sûre que vous ne pourriez pas être mieux employé", a fait remarquer Mme Collinson.

La nuit suivante, et la suivante, et la suivante encore, et pendant plusieurs nuits, M. Pond et M. Flitcroft se livrèrent à des recherches astronomiques. Puis, dimanche prochain, M. Flitcroft apprit d'étranges nouvelles qui l'envoyèrent en toute hâte chez sa veuve. Elle l'accueillit à sa porte, froidement. M. Flitcroft haleta en posant une question.

"Oui," dit-elle, "c'est vrai. M. Samuel Green et moi avons pleuré à l'église ce matin, et je vais l'épouser. Alors maintenant vous savez."

"Mais que dois-je faire ?" s'écria Barthélemy en se grattant l'oreille.

"Faire?" dit Mme Collinson. "Vous pouvez faire ce que votre précieuse comète fera. Retournez d'où vous venez !"

CHAPITRE XI

FRÈRES D'AFFLICTION

On disait autrefois dans toute la campagne que l'on pouvait partir pour une longue journée de marche et parcourir toutes les villes et villages que l'on rencontrait, puis rentrer chez soi sans trouver un exemple d'affection et de dévouement à la manière de David et Jonathan. vu dans la vie de Thomas et Matthew Pogmore. Pour commencer, c'étaient des jumeaux qui avaient perdu leurs deux parents avant d'avoir eux-mêmes atteint l'âge adulte ; ce triste événement semblait les rapprocher l'un de l'autre, et à cinquante ans, ils vivaient encore, célibataires, dans l'ancienne ferme où ils avaient vu le jour pour la première fois. Ils n'avaient jamais couru après les femmes, jeunes ou non, et tous ceux qui les connaissaient – comme tout le monde – disaient qu'ils vivraient et mourraient célibataires. Certaines personnes peu charitables disaient qu'elles étaient beaucoup trop méchantes pour se marier, car elles avaient une grande réputation d'économie et étaient connues pour regarder les deux côtés d'une pièce de six pence longtemps avant de s'en séparer. Et pourtant, il y en avait d'autres qui s'étonnaient de ne jamais s'être mariés, car ils étaient tous deux des hommes bien bâtis, beaux, aux joues roses, bien conservés, qui avaient été beaux dans leur jeunesse et étaient encore beaux à paraître. sur. À tous égards, ils se ressemblaient beaucoup en apparence ; ils se ressemblaient aussi dans le fait que chacun possédait une paire de petits yeux sournois qui semblaient toujours tournés vers l'extérieur.

La vie domestique de Thomas et Matthieu dans leur ancienne ferme était une journée calme et paisible. Ils étaient aisés et les terres qu'ils cultivaient étaient bonnes. Ils avaient une gouvernante, d'une dizaine d'années leur aînée, qui connaissait toutes leurs habitudes. Ils menaient la vie la plus régulière. A huit heures, ils déjeunèrent. De neuf heures à une heure, ils se promenaient dans leurs champs ou dans leurs bergeries. A midi, ils dînèrent, regardèrent le journal, fumèrent la pipe, burent un verre et firent une sieste de quarante secondes, chacun dans son fauteuil. Lorsqu'ils furent ainsi rafraîchis, ils repartirent dans la campagne jusqu'à cinq heures et demie, moment où le goûter fut servi dans le salon. Après sa consommation — et ils étaient de bons mangeurs — la caisse à spiritueux fut disposée avec les cigares, et les paisibles devoirs de la soirée commencèrent. Parfois, ils lisent davantage les journaux ; parfois ils parlaient de porcs, de navets ou des différentes qualités d'engrais artificiel. Et à dix heures précises, après avoir consommé exactement autant de grog et fumé exactement autant de pipes ou de cigares, ils se retirèrent au lit et dormirent du sommeil des innocents. C'était une vie inoffensive et très apaisante.

Cette vie, bien sûr, avait ses variations occasionnelles. Il y avait, par exemple, le jour du marché hebdomadaire, où ils se rendaient dans la petite ville située à six kilomètres de là, faisaient des affaires, dînaient à l'ordinaire et prenaient leur allocation de marché. Ils étaient généreux à ce sujet, comme ils l'étaient en matière de nourriture et de boisson, mais personne ne les voyait jamais joyeux au marché : ils étaient beaucoup trop prudents et trop sages pour cela. Ensuite, il y avait de temps en temps des jours de foire auxquels ils devaient assister, et parfois ils se rendaient dans des régions éloignées du pays pour acheter des moutons ou du bétail. Ces événements marquaient une rupture dans leur vie, mais il était rare que leurs formes bien nourries ne soient pas trouvées. de chaque côté du tapis lorsque tombaient les ombres du soir.

Et puis, au grand étonnement de Matthieu, Thomas entame soudain un nouveau départ. En règle générale, les frères rentraient ensemble du marché à cheval ; Il est arrivé un moment où il manquait à l'appel lorsque l'heure du retour à la maison arrivait, et Matthew devait rentrer chez lui sans lui. A trois reprises, il est rentré en retard et s'est excusé. Il commença à trouver de plus en plus d'excuses pour se rendre au bourg le soir, et son frère jumeau restait souvent seul. Matthew devint alarmé, puis effrayé. Et quand enfin il se rendit compte que Thomas, lorsqu'il partait de cette façon mystérieuse, s'habillait invariablement, Matthieu eut des sueurs froides et osa exprimer un horrible soupçon.

"Il en veut à une femme !"

Il jeta un coup d'œil autour du salon confortable et réfléchit à ce que cela pourrait signifier si Thomas y introduisait une femme. Bien sûr, elle voudrait tout changer – les femmes l'ont toujours fait. Elle disait que les cigares faisaient sentir les rideaux et interdisait de sortir les carafes jusqu'à l'heure du coucher. Et elle s'attendrait sans doute à avoir son fauteuil. Les perspectives étaient terribles.

"Qui peut-elle être ?" se demanda-t-il, et sa consternation fut si grande qu'il laissa son cigare s'éteindre et son grog se refroidir.

Thomas rentra ce soir-là avec des yeux très brillants et un air distingué. Il se prépara un verre et trôna dans son fauteuil.

"Matthieu, mon garçon !" dit-il de sa manière la plus grandiose. "Matthew, je suis sûr que les gens se sont souvent demandé comment il se faisait que nous ne soyons jamais entrés dans la condition de vie matrimoniale."

Matthew secoua tristement la tête. Quelque chose arrivait.

"Le mariage, Thomas," répondit-il faiblement, "le mariage, maintenant, est une chose qui ne m'est jamais venue à l'esprit."

Thomas agita la main avec compréhension.

"Juste comme ça, juste comme ça, Matthew", dit-il. "Bien sûr, nous étions trop jeunes pour penser à de telles choses jusqu'à… jusqu'à récemment. Un homme ne devrait pas penser à ces choses avant d'avoir atteint un âge de discrétion."

Matthew but une gorgée maussade du contenu de son verre.

« Est-ce que tu pensais toi-même à cet état de vie, Thomas ? s'enquit-il.

Thomas grandit en grandeur et en importance jusqu'à ressembler à une grosse grenouille.

"J'étais sur le point de faire l'annonce, Matthew," dit-il, "l'annonce importante que je suis sur le point de conduire à l'autel Mme Walkinshaw——"

"Quoi, elle du Dusty Miller !" s'écria Matthieu en nommant une hôtellerie bien connue du bourg.

"Mme Walkinshaw — Mme Thomas Pogmore comme le sera — est certainement propriétaire de cette maison, Matthew, " répondit Thomas. "Oui, elle est!"

"Bien bien!" dit Matthieu. "Ah, juste comme ça." Il jeta un coup d'œil à son frère avec l'expression sournoise de Pogmore. "Je devrais penser qu'elle a un sac à main assez chaud, hein, Thomas ? C'était un homme aisé, c'était son premier mari."

"Je n'ai aucun doute que Mme Thomas Pogmore, telle qu'elle sera, puisse apporter avec elle une belle petite fortune, Matthew", dit le futur marié avec une grande complaisance, "une très belle petite fortune. Il y aura ce que feu M. " Walkinshaw est partie, et ce qu'elle a économisé, et il y aura la bonne volonté de l'entreprise, qui devrait rapporter un joli sou. "

"Et il n'y a aucune charge, je pense", remarqua Matthew.

"Il n'y a aucune charge", a déclaré Thomas. "Non, c'est une chose confortable à laquelle réfléchir, c'est ça. Je—je ne pourrais pas supporter d'avoir une meute de—d'enfants dans les parages."

Matthew jeta un nouveau coup d'œil autour de lui et soupira encore une fois.

"Eh bien, bien sûr, cela fera une différence", commença-t-il.

Thomas leva une main désobligeante.

"Pas pour toi, Matthew !" il a dit. "Pas du tout, frère. Mme Thomas Pogmore, telle qu'elle sera, sait que la moitié de tout ici vous appartient. Cela signifiera seulement acheter un autre fauteuil, qui pourra être placé là au milieu du foyer."

"Eh bien, bien sûr, après avoir été dans la ligne publique, elle saura ce qu'est un homme", dit Matthew, quelque peu rassuré. "Je ne voudrais pas voir quoi que ce soit modifié dans l'ancien endroit ni que mes habitudes soient perturbées."

M. Thomas Pogmore a laissé entendre que tout continuerait selon les anciennes lignes et s'est immédiatement mis au lit en fredonnant un air gai. Il était visiblement de très bonne humeur avec lui-même, et il continua à l'être pendant quelques semaines, période pendant laquelle Mme Walkinshaw, qui était une belle veuve aux yeux noirs, âgée probablement de quarante-cinq ans, venait de temps en temps prendre le thé avec le des jumeaux, éventuellement dans le but de faire connaissance avec sa future maison. C'était une dame vive et vive, et Matthew pensait que Thomas avait fait preuve de bon goût.

Et puis vint une nuit où Thomas, arrivé plus tôt que d'habitude, entra dans le salon l'air très affligé, se jeta sur une chaise et gémit. Matthieu déduisit immédiatement qu'il se sentait très mal du fait qu'il négligeait de se procurer des rafraîchissements spiritueux.

"Qu'est-ce qu'il y a, Thomas ?" » demanda le plus jeune jumeau.

Thomas gémit encore plus fort.

"Matière!" s'exclama-t-il enfin en faisant un grand effort et en recourant aux carafes et aux cigares. "C'est important, Matthew. J'ose dire," continua-t-il après avoir bu sa potion en suggérant qu'elle était amère comme l'aloès, "J'ose dire que j'aurais dû être prévenu, car il existe de nombreux proverbes sur la fragilité et tromperie des femmes. Mais, bien sûr, n'ayant jamais rien eu à voir avec elles, je n'étais pas armé pour le concours, pour ainsi dire.

"Alors elle t'a trompé, Thomas ?" demanda Matthieu.

"M'a trompé cruellement", soupira Thomas. "Je ne croirai plus jamais à ce sexe-là."

Matthew souffla quelques spirales de fumée bleue avant de poser une autre question.

« Je pouvais espérer, dit-il enfin, je pouvais espérer, Thomas, que ce n'était pas une question d'argent ?

Thomas secoua tristement la tête, puis remplit son verre.

"C'était une question d'argent, Matthew", dit-il. "J'ai compris qu'elle viendrait vers moi avec une fortune considérable ; une fortune très considérable ! "

"Bien?" » demanda Matthew, essoufflé.

Thomas étendit les mains avec un geste désespéré.

"Tout lui échappera si elle se remarie !" dit-il laconiquement.

"Est-ce vrai?" demanda Matthieu.

— Elle me l'a dit elle-même, ce soir même, répondit Thomas.

Un silence de mort envahit le salon de la ferme. Thomas alluma un cigare et fuma pensivement ; Matthew remplit sa pipe de marguillier et souffla des anneaux bleus au plafond, qu'il regarda comme s'il cherchait l'inspiration. C'est lui qui a parlé le premier.

« C'est un mauvais travail, Thomas, dit-il ; "C'est un très mauvais travail. Bien sûr, vous ne serez pas d'accord pour exécuter votre part de l'arrangement ?"

"J'ai été cruellement trompé", a déclaré Thomas.

"En même temps," dit Matthew, "lorsque ces fiançailles ont été conclues entre vous, vous n'avez pas posé comme condition que la fortune l'accompagne ?"

"Non-o!" répondit Thomas.

"Alors, bien sûr, si vous la renversez, elle peut vous poursuivre en justice pour rupture de promesse, et comme vous êtes un homme aisé, les dommages seraient lourds", remarqua Matthew.

Thomas gémit.

"Ce qui doit être fait, Thomas, doit être fait par la direction", a déclaré le plus jeune jumeau. "Nous devons user de diplomatie, comme ils l'appellent. Vous devez partir pendant un moment. Nous sommes dans une période creuse maintenant, et vous n'avez rien de particulier à faire. Allez passer quinze jours à Scarborough Spaw, et quand ce sera fini, partez." et rendez visite à mon cousin Happleston dans sa ferme de Durham ; il sera heureux de vous voir. Et pendant votre absence, je réglerai l'affaire — laissez-moi faire.

Thomas considéra ce très bon conseil et dit qu'il y donnerait suite, et il partit plus tôt que d'habitude dans sa chambre pour préparer un portemanteau, afin de pouvoir quitter le lieu immédiat de ses malheurs tardifs tôt le lendemain matin. Lorsqu'il fut parti, Matthieu se prépara son dernier verre habituel et, après y avoir goûté pour vérifier que c'était selon la recette, se réchauffa le dos au feu, se frotta les mains et sourit.

"C'était une bonne idée de ma part de parler à l'avocat Sharpe à ce sujet", pensa-t-il. "Je me demande si Thomas n'y a jamais pensé."

Il sortit une lettre de sa poche de poitrine et la lut lentement. Voici ce qu'il a lu...

"PRIVÉ
10, *Market Place, Cornborough* , 11
mai 18—.

"M. MATTHEW POGMORE.

"CHER MONSIEUR,—Conformément à vos instructions, j'ai fait lire à Somerset House le testament de feu M. Samuel Walkinshaw, de l'hôtel Dusty Miller de cette ville. À l'exception de quelques legs insignifiants aux domestiques et vieux amis, la totalité de la fortune du défunt était laissée inconditionnellement à la veuve, sans aucune restriction d'aucune sorte quant à son éventuel second mariage. La valeur personnelle brute était de 15 237 £ impairs, le net, de 14 956 £ impairs. la pleine propriété, le fonds de commerce, les stocks et les meubles de Dusty Miller ont également été laissés à la veuve.

"Je suis, cher monsieur, fidèlement à vous,

"SAMUEL SHARPE."

Matthieu plia soigneusement cette épître dans ses plis d'origine et la remit dans sa poche, toujours souriant.

"Ah!" murmura-t-il. "Qu'il est bon d'avoir un peu de connaissances et de savoir en profiter !"

Puis lui aussi se coucha et dormit bien, et se leva le lendemain matin pour accompagner son frère jumeau, lui disant de prendre bonne humeur et prophétisant qu'il reviendrait libre. Resté seul, il rit.

Matthew laissa passer quelques jours avant de se rendre à Cornborough. Mme Walkinshaw parut quelque peu surprise de le voir, même si ces derniers temps il avait pris l'habitude de visiter la maison de temps en temps. En visiteur privilégié, il entra dans son salon privé.

"Et je vous prie, qu'est devenu Thomas ces jours-ci ?" » s'enquit-elle lorsque Matthew fut confortablement installé dans le fauteuil le plus confortable.

Matthieu secoua la tête. Ses manières étaient mystérieuses.

"Ne me demandez pas, madame," dit-il tristement. "C'est un sujet douloureux. Mais bien sûr, entre vous et moi et le poste, comme on dit, Thomas est parti à Scarborough Spaw, madame."

"À Scarborough!" s'exclama Mme Walkinshaw. "Pourquoi?"

Matthew soupira puis lui lança un regard expressif.

"Il aime beaucoup les activités gay, Thomas, madame", a-t-il déclaré. "J'aime bouger une jambe libre, de temps en temps, tu comprends. Cela devient un peu ennuyeux chez nous avec le temps. Mais je suis tout à fait pour la maison, moi-même."

Mme Walkinshaw, qui avait écouté cela avec des yeux de plus en plus larges, jeta sa fantaisie de couture dans un animal de compagnie.

"Eh bien, ma parole !" s'exclama-t-elle. "Je suis parti galoper à Scarborough sans même me le dire. Alors je ferai bien attention qu'il ne revienne plus jamais ici. Un vieux voleur trompeur ! - Je ne crois pas qu'il ait toujours voulu autre chose que mon argent, car j'ai essayé un tour lui en a parlé l'autre soir, et il est parti avec une tête longue comme un violon et n'a jamais dit bonsoir. Vieux pêcheur !

"Nous sommes tous imparfaits, madame", remarqua Matthew. "Seuls certains d'entre nous le sont moins."

Puis il commença à se rendre agréable et rentra finalement chez lui très satisfait. Et environ cinq semaines plus tard, Thomas, dont les vacances avaient été prolongées sur les conseils de Matthew, reçut une lettre de son frère jumeau qui le fit réfléchir plus qu'il ne l'aurait jamais cru de sa vie.

"CHER FRÈRE" (il était écrit) : "C'est pour vous dire que vous pouvez rentrer chez vous en toute sécurité maintenant, car j'étais moi-même marié à Mme Walkinshaw ce matin. J'ai décidé de me retirer de l'agriculture, et elle prendra sa retraite du manière publique de faire des affaires, car nous constatons qu'avec nos fortunes unies, nous pouvons vivre en privé à Harrogate et entrer dans une sphère de vie plus à la mode, car cela est plus agréable à nos sentiments. Les détails des affaires entre vous et moi pourront être réglés à votre retour. Ainsi plus maintenant, de la part de ton affectueux frère,

"MATHIEU POGMORE.

"PS : vous avez été mal informé sur ce que Mme Matthew Pogmore voulait dire lorsqu'elle a parlé de sa fortune qui passerait lors de son deuxième mariage. Elle voulait dire, bien sûr, qu'elle passerait à son deuxième mari.

"PS encore. Ce qui, naturellement, a été fait."

Après cela, M. Thomas Pogmore décida de rentrer chez lui et de mener la vie d'un ermite parmi ses moutons et son bétail.

CHAPITRE XII

UN HOMME OU UNE SOURIS

PROLOGUE

L'homme le plus intelligent que j'aie jamais connu était en même temps l'homme le plus sage et le plus généreux. Non pas que la possession de la sagesse, ni la grâce de bonté envers ses semblables, le rendaient intelligent à un haut degré, mais que lorsque j'étais au stade de l'apprentissage du compagnon, tâtant pour ainsi dire mes pieds, il m'a donné ce qu'il m'a donné. Depuis, j'ai toujours su – non pas pris en compte, remarquez, mais connu – comme étant le conseil le meilleur et le plus précieux qu'une créature puisse donner à une autre. C'était ceci, résumé en quelques mots (et, remarquez bien, cet homme était un grand homme et un homme d'affaires très prospère, dans la mesure où il a soulevé l'une des plus grandes préoccupations de sa propre ville à partir de rien et est mort riche). homme, ayant utilisé sa richesse avec bonté et sagesse à une époque où les choses n'étaient pas ce qu'elles sont aujourd'hui) -

"Poskitt... ce n'est qu'un jeune homme ! Il va dans le monde, et il trouvera là-bas beaucoup d'hommes pour te donner ce qu'ils appellent des conseils. Maintenant, j'ai tout vu. dans le monde de la nature humaine, et *je* te donnerai de meilleurs conseils, ni à personne d'autre, parce que je sais ! Écoute-moi...

"(i.) Je préfère ne faire confiance à personne, fais confiance à tout le monde - jusqu'à ce que tu les découvres. Quand tu les découvres (si tu le fais), fais-leur confiance encore une fois ! Noä, l'homme est un mauvais homme, alorsä tant que vous êtes du bon côté, et c'est votre faute, attention, si vous ne le faites pas.

"(ii.) Ne pensez pas beaucoup à la fabrication de Brass. C'est une bonne chose de fabriquer du Brass, et une bonne chose d'en être la possession, mais Brass n'est ni ici ni là-bas à moins que vous ne le confiiez à vos amis. " Gardez vos cuivres autant que vous le pouvez. Gardez-le pour le jour de pluie - vous ne savez jamais quand ce jour de pluie arrivera - mais ne vous contentez pas de six pence quand vous savez qu'une demi-couronne ne ferait pas un N'emmenez pas votre chérie au marché et ne la laissez pas rentrer à la maison avec un ruban d'un sou alors que vous savez dans votre propre cœur que vous auriez pu lui offrir une bague en or.

"(iii.) Pour finir avec - faites confiance à tous les hommes que vous rencontrez - non pas comme un imbécile, mais comme un sage. Aimez vos voisins - mais prenez bien soin qu'ils vous aiment. Si vous constatez qu'ils ne vous aiment pas, Je n'ai rien à voir avec eux, mais continuez à les aimer quand même. S'il y a un châtiment, il ne tombera pas sur vous, mais sur eux. Mais en même temps, vous devez vous rappeler que tout le monde sur nous fait l'affaire. l'autre. Et, pour résumer tout cela, tous les hommes qui sont nés sur cette terre se font eux-mêmes.

je

Dans un de ces vieux livres latins que j'achète quelquefois dans les vieilles librairies des bourgs que je visite, et dans lesquels je puis relever un mot ou deux, une phrase ou deux (surtout s'ils sont entrelacés d'écoliers) ' tentatives de crèches), il y a une phrase que, en tout cas, je peux traduire facilement dans un anglais compréhensible - une phrase qui me rappelle toujours les paroles brutales de mon vieil et sage ami :

" *Chaque homme est le créateur de sa propre fortune.* "

Et c'est pourquoi je vais vous raconter l'histoire d'un homme qui a fait Trois choses. Premièrement : s'est rendu millionnaire. Deuxièmement : il a vécu dans un rêve alors qu'il était en processus. Troisièmement : je suis sorti du rêve, alors qu'il était trop tard.

Maintenant, nous allons commencer par lui.

II

Samuel Edward Wilkinson, lorsque je l'ai connu pour la première fois, était un petit garçon de douze ans qui, dans l'intimité du jardin d'un petit lycée provincial, mangeait des tartes et des pommes qu'il ne partageait jamais avec ses camarades d'école. Il était le dernier d'une famille nombreuse — je pense que sa mère a succombé à l'effort de lui donner naissance, le dixième ou le onzième — et il avait l'air d'un renard affamé qui ne sait pas très bien où se trouve le nid de poule le plus proche. Le costume des petits garçons de cette époque – au début de la quarantaine – ne lui convenait pas ; le pompon de sa casquette à visière dépendait trop de son sourcil droit, et la jambe gauche de son pantalon en nankin était au moins d'un pouce et demi plus haute que son membre correspondant.

«Poskitt», me dit-il, la première fois que je me livrais à une véritable conversation privée avec lui, « que ferez-vous lorsque vous quitterez le docteur Scott ?

«Rentrez chez vous», dis-je.

À ce moment-là, il mangeait une de ses tartelettes à la confiture habituelles et il m'a regardé de côté par-dessus un bord collant.

"Poskitt... quel est ton père ?" Il a demandé.

"Mon père est agriculteur, mais c'est notre propre terre", dis-je.

Il termina sa tarte, pensivement. Puis il sortit un mouchoir bien propre et s'y essuya le bout des doigts. Il regarda autour de lui, plus pensivement qu'avant, les murs vierges du jardin arrière du docteur Scott. J'étais assez sensé, même à cet âge, pour voir qu'il regardait des choses lointaines.

"Mon père", dit-il après une réflexion évidente, "est boucher. Il gagne beaucoup d'argent, Poskitt. Mais nous sommes onze. Je suis le onzième. Quand je quitterai l'école..."

Il s'arrêta là et sortit de la poche de son pantalon deux pommes. Vous pensez peut-être qu'il allait m'en donner un : au lieu de cela, il les a examinés, a sélectionné ce qu'il considérait évidemment comme le meilleur, a mordu dedans et a remis l'autre dans sa poche.

"Quand je quitterai l'école", reprit-il, "je veux me lancer dans les affaires. Maintenant, que penses-tu des affaires, Poskitt ?"

J'étais tellement étonné, tout garçon que j'étais, d'entendre ce misérable mannequin parler comme il le faisait, que j'ose dire que je n'ai fait que rester bouche bée. Entre ses bouchées de pomme, il continuait à faire preuve d'un caractère astucieux.

« Vous voyez, Poskitt, » dit-il, « j'ai beaucoup réfléchi pendant que j'étais ici chez le docteur Scott. Je n'ai pas beaucoup d'estime pour le docteur Scott — il est très gentil, mais il ne parle pas de tout. " Nous savons comment gagner de l'argent. Votre père a beaucoup d'argent, n'est-ce pas ? "

"Comment savez-vous?" Dis-je, plutôt en colère.

"Parce que," dit-il très calmement, "je le vois te donner de l'argent quand il vient te voir. Personne ne donne de l'argent s'il ne l'a pas. Et tu vois, Poskitt, bien que mon père gagne beaucoup d'argent, aussi, il ne me donne pas grand-chose : six pence par semaine.

« Alors, comment obtenez-vous vos tartes et vos pommes ? J'ai demandé.

Il m'a lancé encore un de ces regards étranges

"Ma mère et mes sœurs m'envoient un panier", répondit-il. "Bien sûr, Poskitt, nous devons tirer le meilleur parti de ce monde, n'est-ce pas ? Et je veux continuer et gagner de l'argent. Selon vous, quelle est la meilleure façon de gagner de l'argent, Poskitt ?"

J'étais si jeune et irresponsable à cette époque, si conscient du fait que j'avais la vieille ferme, les vieux et tout derrière moi, que je comprenais à peine de quoi parlait ce garçon. J'ose dire que je lui ai fait un signe de tête maussade, et il a continué – très probablement, si je me souviens bien, en mangeant l'autre pomme.

"Vous voyez, Poskitt," dit-il, "il y a une chose qui est sûre. Un homme doit être soit un homme, soit une souris. Je ne serai pas une souris."

Je regardais son visage - j'étais à cette époque un grand garçon au visage rougeaud, avec des membres qui auraient fait honneur à une progéniture de Mars et de Vénus, et il avait l'air du genre à finir dans un magasin, avec des joues blanches. au-dessus et une cravate noire sous un col de six sous – et une étrange répulsion m'est venue, bien que fermier et terrien que j'étais. Et je l'ai laissé continuer.

"Je ne serai pas une souris, Poskitt !" dit-il avec une certaine détermination. "Je serai un homme ! Je gagnerai de l'argent. Maintenant, selon vous, quelle est la meilleure façon de gagner de l'argent, Poskitt ?"

Je ne pense pas avoir répondu à ce moment-là.

"J'ai tout réfléchi, Poskitt," reprit-il. " Vous voyez, il y a toutes sortes de professions et de métiers. Eh bien, si vous vous lancez dans un métier, vous devez dépenser beaucoup d'argent avant de pouvoir en gagner. Et dans certains métiers, vous devez disposer d'une bonne somme d'argent. négociez avant de pouvoir recevoir un profit. Mais il y a des transactions, Poskitt, dans lesquelles vous récupérez votre argent très rapidement – avec un profit. Maintenant, savez-vous, Poskitt, les seules transactions sont celles qui dépendent de ce que *veulent les gens* . Je ne peux pas vivre sans nourriture, ni vêtements, ni bottes. La nourriture, Poskitt, est la chose la plus importante, n'est-ce pas ? Et pourquoi je t'ai parlé, c'est parce que je pense que tu es le garçon le plus sage de l'école – quel métier me recommanderiez-vous d'entrer dans cette entreprise ? »

"Va et sois boucher !" J'ai répondu. "Comme ton père."

Il secoua la tête d'un ton doux et désapprobateur.

"Je n'aime pas l'odeur de la viande", a-t-il déclaré. "Non, je vais prendre une autre ligne."

Puis, comme l'odeur du dîner s'échappait de la salle à manger, il ajouta cette remarque supplémentaire : comme nos parents payaient régulièrement le docteur Scott une fois par trimestre, nous devrions en avoir pour notre argent, et nous partions donc pour en recevoir sa part quotidienne. .

III

Samuel Edward Wilkinson a dûment quitté l'école et est devenu, de sa propre volonté, l'apprenti d'un épicier très respectable qui a accru sa respectabilité en se faisant appeler marchand de thé et magasinier italien. Les personnes qui visitaient le magasin (situé dans une rue principale d'une importante ville portuaire) étaient invariablement impressionnées par le bleu poudré de l'enseigne et par le rouge doré des lettres qui se détachaient si clairement sur la poudre. -bleu. Elle avait son propre cachet et le propriétaire avait deux filles. Mais Samuel Edward avait alors à peine plus de quatorze ans, et comme ses parents et le propriétaire étaient d'une nature nettement dissidente, il passait beaucoup plus de temps à voler des bonbons dans des boîtes nouvellement ouvertes et à assister à des réunions de prière. à la chapelle la plus proche, qu'à suivre le bon exemple des apprentis londoniens des autres siècles. En fait, lorsque Samuel Edward Wilkinson avait dix-neuf ans, il n'était pas seulement un escroc d'argent, mais le pire de toutes : un commerçant qui considère Dieu Tout-Puissant et la Bible comme des poids utiles à placer sous une balance illégale. . Et à mesure que Samuel Edward acquérait davantage d'expérience dans la connaissance de ses confrères pondérateurs, plus il commençait à moins croire en ses semblables - avec pour résultat naturel que certaines femmes qui n'étaient pas ses semblables en souffraient.

En grandissant, Samuel Edward a naturellement dû vivre ailleurs. Son maître n'avait pas de place dans sa maison pour des apprentis approchés de la maturité. Mais, comme tous les maîtres de cette époque victorienne, il savait où trouver un logement dans une famille hautement chrétienne, et Samuel Edward se retrouva *en famille* avec une couturière d'âge moyen et une jolie enfant dont la douce seize ans était bien plus attrayante. que les charmes plus mûrs des filles de son maître. Samuel Edward n'était pas sans beauté, et l'enfant tomba amoureux de lui et le resta pendant des années plus longues qu'elle ne l'avait espéré. Mais Samuel Edward était aussi coureur de jupons en amour qu'obstiné en affaires, et l'idée du mariage n'était pas de son ressort immédiat.

« À votre avis, à quel âge un homme devrait-il se marier, Poskitt ? me dit-il lors d'une de ses visites périodiques au vieux village, alors qu'il avait environ vingt-deux ans.

"Quand il en a envie et qu'il le pense", dis-je.

"Bien sûr, Poskitt, un homme ne devrait jamais se marier à moins d'épouser de l'argent", a-t-il poursuivi. "Pour un jeune homme dans ma situation, que diriez-vous que la jeune femme devrait pouvoir apporter ?"

J'avais assez de bon sens, même à cet âge, pour ne pas répondre à cette question. Je le laissai continuer, silencieux sous son sublime égoïsme.

« Ne pensez-vous pas, Poskitt, qu'il est normal que lorsqu'un homme épouse une femme, il s'attende à ce qu'elle lui verse une certaine compensation ? il a dit. « C'est une chose très sérieuse que le mariage, vous savez, Poskitt. Quiconque a mon ambition – qui est d'être un homme et non une souris, ou, en d'autres termes, de payer vingt shillings par livre et de me tenir à l'écart de la vie. Je connais une jeune femme, où je loge en fait, qui est très gentille avec moi, mais je ne pense pas que sa mère puisse lui donner plus de deux ou trois mois. cent, et, bien sûr, c'est presque rien. Vous voyez, Poskitt, je veux avoir ma propre entreprise, et vous ne pouvez pas créer une entreprise sans capital. Et l'argent est très difficile à gagner, Poskitt. Je pense... Je pense vraiment que je vais reporter l'idée de me marier.

"C'est la chose la plus sage que vous puissiez faire", dis-je. "Mais tu ferais mieux de le dire à la jeune femme."

"Eh bien, vous voyez, Poskitt," répondit-il en se caressant le menton, "le fait est qu'il y a deux jeunes filles. L'autre est ma cousine Keziah. Maintenant, bien sûr, je sais que Keziah aura de l'argent quand son père meurt, mais je ne sais pas quand il mourra. Si je pouvais dire exactement quand il mourra et combien Keziah aura, je devrais me décider - dans l'état actuel des choses, je pense que je devrai attendre ... Après tout, cela ne fait pas vraiment une grande différence : une femme est à peu près aussi bonne qu'une autre en ce qui concerne le mariage, Poskitt, n'est-ce pas ? L'argent est l'essentiel.

"Pourquoi n'irais-tu pas trouver une riche héritière, alors ?" J'ai demandé.

"Ah!" il a répondu. "J'aimerais seulement pouvoir le faire, Poskitt ! Mais tu dois te rappeler que je n'ai aucun avantage. Mon père n'est qu'un boucher, et le commerce reste le commerce, après tout. Vous avez de grands avantages sur moi : votre peuple possède ses terres, vous" " Je suis un nobs comparé à ce que je suis. Mais je vais me faire un homme, Poskitt. Il n'y a qu'une seule chose au monde qui vaille quelque chose, et c'est l'argent. Je vais gagner de l'argent. "

IV

Je n'ai jamais revu Samuel Edward Wilkinson pendant de nombreuses années — en fait, pas jusqu'à ce qu'il revienne au village pour épouser sa cousine Keziah. Il fut alors annoncé publiquement que Samuel et Keziah étaient fiancés depuis leur plus jeune âge — mais quiconque savait quelque chose savait très bien que le mariage était maintenant précipité parce que le père de Keziah était mort et lui avait laissé mille livres. Au cours de ces années-là, Samuel Edward avait constamment poursuivi son chemin vers sa conception de la virilité. Il avait passé plusieurs années à Londres et ne portait jamais d'autre couvre-chef qu'un chapeau de soie.

« Oui, Poskitt, » dit-il, « cela m'a pris beaucoup de temps, mais j'ai enfin économisé assez d'argent — avec la petite fortune de Keziah, bien sûr — pour acheter l'entreprise de mon premier maître. C'est une chose très sérieuse, ce sont les affaires, vous savez, Poskitt, tout comme le mariage. Mais Keziah est une fille capable, vous savez, Poskitt – très capable.

Comme Keziah avait alors une quarantaine d'années, ses capacités étaient incontestables, mais il me semblait que Samuel Edward avait mis longtemps à se décider.

"Et où est la jeune dame des premiers jours ?" Je lui ai demandé.

Il caressa ses moustaches et secoua la tête.

"Eh bien, vous savez, Poskitt," répondit-il, "c'est une chose très malheureuse qu'elle réside, bien sûr, dans la ville même où j'ai acheté mon entreprise."

"Est-elle mariée?" J'ai demandé.

"Non," répondit-il, "non, elle n'est pas mariée, Poskitt. Bien sûr, je ne pouvais pas penser à l'épouser quand Keziah était capable de mettre la main sur mille livres. Après tout, tout le monde doit s'occuper du numéro un. C'est une période très anxieuse pour moi en ce moment, Poskitt, je te l'assure. Entre me marier et créer une entreprise, je ressens une grande responsabilité. Si jamais tu es notre chemin (et j'espère que tu seras venant aux marchés aux bestiaux), appelez et je vous montrerai les améliorations que j'ai apportées. C'est une très belle position, Poskitt, mais c'est une chose difficile de nos jours pour un homme d'obtenir la sienne.

V

Le nom de Samuel Edward figurait dûment en doré flamboyant sur le bleu poudré de l'ancienne enseigne, et lui et Keziah s'installèrent dans une rue de banlieue en compagnie d'une servante et d'un terrier noir et feu. Leur vie était discrète et ordonnée, et ils se rendaient dans la communauté dissidente particulière qu'ils affectaient au moins une fois chaque jour de sabbat. À huit heures du matin, Samuel Edward se rendait au travail ; à sept heures du soir, il rentra chez lui pour raconter ses malheurs à Keziah. Un de ses apprentis avait fait cela ; un assistant l'avait fait ; un client s'était enfui, laissant une facture impayée. Keziah, qui aimait autant gagner de l'argent que son mari, était invariablement sympathique à ces questions, qui étaient à peu près les seules choses qu'elle comprenait, hormis le fait qu'elle savait que ses mille livres étaient dans l'entreprise. Elle et Samuel Edward étaient tous deux déterminés à gagner de l'argent.

Et soudain, un orage éclata dans leur ciel. La petite couturière, ayant été formellement fiancée à Samuel Edward pendant de longues années, se retrouvant abandonnée, se réveilla soudain en sachant qu'elle avait un esprit, et fit signifier à l'infidèle une assignation pour rupture de promesse. Et les hommes de loi de Samuel Edward, abordant l'affaire, lui dirent qu'il n'avait aucune défense et qu'il devrait payer.

Samuel Edward se mit au lit et refusa d'être réconforté. Keziah pleurait, suppliait, cajolait, menaçait : rien ne servait à rien. Tout était fini, de l'avis de

Samuel Edward. L'autre partie voulait le montant exact représenté par la dot de Keziah : mille livres. Samuel Edward regardait le papier peint au pochoir et décida que la vie était une nette déception. Il mourrait.

Keziah prit alors les choses en main. Elle, avec l'aide d'un homme astucieux, paya les mille livres, après quoi la petite couturière, qui avait encore bien moins de quarante ans, en épousa aussitôt une autre. Et puis Keziah a littéralement arraché Samuel Edward du lit, l'a secoué et lui a fait comprendre qu'à partir de ce jour, il devrait travailler plus dur, plus tôt et plus tard qu'il ne l'avait jamais fait auparavant. Et Samuel Edward tomba sous une surveillance incessante et invariable.

VI

"Je suis un homme chaleureux, tu sais, Poskitt", m'a-t-il dit bien des années après. "Un homme chaleureux, monsieur ! Personne à part moi, Poskitt, ne sait combien j'ai. Non, monsieur ! J'ai tout fait, vous savez. Regardez mon entreprise, Poskitt ! — l'une des plus grandes et des meilleures entreprises du pays. Vingt établissements différents. Quatre cents employés. Apporter mon propre thé de Ceylan et de Chine dans mes propres navires. Tout cela est le résultat de l'énergie, Poskitt - ne restez pas tranquille avec moi, comme vous le faites les rustiques - non, monsieur !

Analysons maintenant ce qu'était réellement cet homme. Parce que Keziah l'a littéralement entraîné à se ressaisir après sa première grande gifle, il a commencé à amasser de l'argent et, très vite, il a tellement approfondi ses instincts de garçon que l'argent est devenu son fétiche. De l'argent, de l'argent, de l'argent, rien que de l'argent ! Il estimait la valeur d'un homme à la profondeur de sa bourse ; il croyait fermement, avec le fermier du Nord, que les pauvres réunis en masse sont mauvais. Et finalement, il était vraiment un homme très riche – et il découvrit alors, comme tous ces hommes, qu'il n'avait aucun pouvoir pour jouir de sa richesse. Il pouvait voyager — et ne rien voir, car il ne comprenait pas ce qu'il voyait. Il pouvait acheter tout ce qu'il voulait – et n'en avait aucun goût. La petite couturière avait des enfants, lui n'en avait pas. Et à mesure que sa richesse augmentait, son caractère devenait aigre. Il n'avait jamais rien lu en dehors de son journal professionnel et de son journal, et il n'avait donc d'autre préoccupation que son argent.

Et donc je reviens à ce que mon vieil ami a dit à sa manière bluffante du Yorkshire :

" Ne pensez pas trop à la fabrication de Brass ! C'est une bonne chose de fabriquer du Brass, et c'est une bonne chose d'en être propriétaire, mais Brass n'est ni ici ni là-bas à moins que vous ne le mettiez sur vos amis. "

Et si Samuel Edward Wilkinson considérait à la fin de ses jours qu'il était devenu un homme, ou s'il avait, après tout, l'idée sournoise qu'il n'était guère plus qu'une souris, je ne peux pas le dire. Mais sa grande idée (qu'il pouvait acheter dix fois tant de gens sans se sentir plus mal) avait un certain pathos dans le fait que même dans son cerveau ennuyeux lui venait parfois la conviction que lorsque la fin viendrait, il serait aussi pauvre que n'importe quelle souris qui s'est jamais glissée dans son trou.

CHAPITRE XIII

UNE AFFAIRE AUX VOLUMES IMPAIRS

C'était le jour de la cuisson des pâtisseries à Low Meadow Farm, et la cuisine étant rendue inhabituellement chaude par le fait que c'était aussi un après-midi flamboyant de juillet, Mme Maidment, pendant les intervalles où elle allait au four, s'asseyait dans un gros fauteuil coudé. à la porte de la cuisine et s'éventait avec son tablier. C'était une femme d'au moins cinquante ans, confortablement bâtie, et la chaleur lui faisait sentir, comme elle l'avait remarqué à plusieurs reprises depuis le petit déjeuner. Son visage placide et lunaire, toujours rose, était maintenant aussi ardent que le soleil d'un après-midi d'hiver, et quand elle ne s'éventait pas, elle s'épongeait le front avec un des mouchoirs de son défunt mari, qu'elle avait sorti d'un tiroir dans la presse. comme étant plus grande que la sienne, et donc plus adaptée à cet usage.

Tandis qu'elle était assise à la porte, Mme Maidment jeta un coup d'œil à la perspective devant elle : au jardin, au verger, aux champs au-delà où les récoltes blanchissaient déjà jusqu'à la récolte. Ses pensées étaient de nature pratique.

"Je suis sûre que si Maidment peut regarder d'en haut", murmura-t-elle, "il dira que tout est en très bon ordre. Il n'a jamais pu supporter quelque chose qui ne soit pas en bon ordre, n'est-ce pas Maidment. Et si seulement nous obtenez une bonne récolte——"

A ce moment, les pensées de la veuve furent interrompues par le claquement soudain de la porte latérale. Elle se retourna et aperçut un homme étrange conduisant un équipage dans la cour. L'équipage se composait d'un très petit poney, qui semblait devoir recevoir une généreuse quantité de maïs, et d'une charrette de construction particulière, très peu profonde et fermée au sommet par deux portes pliantes. un peu, en fait, comme une armoire posée à plat et munie de roulettes. Quant à la personne qui menait cette étrange réunion, et que Mme Maidment regardait très fixement, c'était un gentleman un peu miteux, avec une redingote trop grande et un pantalon trop court ; il y avait un léger plissement dans son œil droit, mais il n'y avait aucun doute sur la prétendue gentillesse de son sourire. Il s'inclina profondément en attirant le poney vers Mme Maidment, et il ôta un chapeau de paille et révéla un front haut et une tête chauve. Mme Maidment regarda encore plus fort.

"Bonjour, madame", dit l'inconnu en s'inclinant de nouveau. "Permettez-moi de me présenter, madame, en tant que libraire ambulant - c'est un nouveau départ dans le commerce du livre, et dans lequel j'espère réussir. Permettez-moi de vous montrer mon stock, madame - tous les plus récents. volumes du jour des auteurs les plus célèbres."

Il repoussa avec panache les portes pliantes de sa charrette et s'écarta. Le soleil de juillet projetait ses rayons féroces sur des rangées après rangées de volumes aux reliures flashy et aux couleurs vives, vert et écarlate, et beaucoup d'or fin.

"La toute dernière, je vous l'assure, madame", dit leur vendeur.

Mme Maidment s'est éventée et a regardé la gloire devant elle.

"Eh bien, je ne sais pas, maître," dit-elle. "Je ne suis pas du genre à lire moi-même, sauf le journal et un chapitre de la Bible du dimanche. Mais ma fille adore son livre - elle pourrait en avoir envie. Tiens, Mary Ellen ! - voici un homme à la porte qui vend des livres. ".

Miss Mary Ellen Maidment, une jolie demoiselle de dix-neuf ans aux yeux brillants et aux joues couleur pêche, sortit de la cuisine en attendant. Le libraire ambulant l'accueillit avec davantage de révérences et de sourires.

"Oh mon!" s'exclama Mary Ellen en levant les mains. "Que de beaux livres !"

"Votre mère a dit que vous aimiez votre livre, mademoiselle", a déclaré le propriétaire de cette mine de trésors intellectuels. "Oui, mademoiselle, c'est une ligne particulièrement fine. Quel est votre goût, maintenant, mademoiselle ? La poésie ?"

"J'aime les bons morceaux", répondit Mary Ellen.

Le voyageur choisit deux volumes magnifiquement reliés et, les équilibrant adroitement sur la paume d'une main, montra leurs gloires avec l'index tendu de l'autre.

"'Les œuvres poétiques complètes de Mme H*ee*mans'", a-t-il déclaré. "C'est une chose très douce, mademoiselle. C'est l'un des meilleurs articles de la ligne de poésie." Il montra l'autre. "'Les œuvres de feu Eliza Cook.' Une production très supérieure, mademoiselle. C'est cette dame talentueuse qui a écrit "Le vieux fauteuil", dont vous avez sans doute entendu parler.

"Je l'ai appris une fois à l'école", a déclaré Mary Ellen. "Avez-vous des histoires?"

"Contes, mademoiselle, oui, mademoiselle", répondit le vendeur, mettant Mme Hemans et Miss Cook de côté et sélectionnant quelques volumes supplémentaires. "Voici un beau conte de la talentueuse Emma Jane Worboise, l'auteure la plus célèbre de son époque."

"Y a-t-il de l'amour là-dedans ?" » demanda Mary Ellen.

"Ma fille", interrompit Mme Maidment, "aime les livres qui parlent d'amour et qui contiennent des seigneurs et des dames - elle m'en lit des morceaux le soir."

"C'est, madame, la seule sorte que je porte", a déclaré le propriétaire du livre. "Maintenant, mademoiselle, laissez-moi vous montrer——"

Finalement, Mary Ellen acheta un conte qui traitait de beaucoup d'amour et de nombreux seigneurs et dames, et un autre que le vendeur décrivait comme une œuvre pieuse avec un fort intérêt amoureux et qu'il recommandait vivement pour la lecture du dimanche. Elle a également acheté Mme Hemans, car en feuilletant ses pages, elle a vu plusieurs lignes qu'elle trouvait jolies. Et pendant qu'elle montait chercher son sac à main, Mme Maidment demanda à l'étranger à l'intérieur de boire une cruche de bière. On imagine son regard perçant autour de cette vieille cuisine de ferme, avec ses beaux vieux meubles en chêne, ses cuivres et étains brillants, ses vieux ustensiles de cuisine...

« Vous n'avez pas de vieux livres que vous souhaiteriez éliminer, n'est-ce pas, madame ? dit-il après avoir été payé et qu'il buvait sa bière. "J'achète des choses comme ça, il y a beaucoup de gens qui sont heureux de s'en débarrasser. J'en ai maintenant un sac plein sous le chariot là-bas. Bien sûr, ils ne valent rien d'autre que le prix du vieux papier. C'est ce que j'ai. pour les vendre, madame.

"Eh bien, il y a de vieux livres dans ce coffre là", a déclaré Mme Maidment, désignant un vieux coffre dans le siège profond de la fenêtre. "Je suis sûr que j'ai souvent dit que nous les brûlerions, car ils sont si vieux et imprimés si bizarrement que personne ne peut les lire. Laissez-le les regarder, Mary Ellen."

Quels trésors étaient-ils sur lesquels les yeux entendus du marchand errant se posaient ? Il les regarda quelque temps, selon les témoins oculaires, avant de parler, examinant chaque livre avec le plus grand soin.

"Oui, eh bien, madame," dit-il enfin. " Bien sûr, comme vous le dites, personne ne pourrait les lire de nos jours. Je vais vous dire quoi : je vais donner à Miss ici trois nouveaux livres du chariot pour eux, et vous pourrez choisir vous-même, mademoiselle ! "

Mary Ellen s'est exclamée joyeusement – et les vieux livres sont partis dans un sac.

Ce n'est que l'année suivante qu'un pensionnaire d'été de Londres s'installe temporairement à Low Meadow Farm. D'après le récit que Mme Maidment a fait à son sujet, c'était un gentleman très calme qui, lorsqu'il ne se promenait pas dans les champs et au bord des ruisseaux, lisait dans le jardin, et lorsqu'il ne lisait pas dans le jardin écrivait dans le salon. Et les livres qu'il avait apportés avec lui, dit-elle, étaient plus nombreux que ce que le pasteur possédait.

Un jour, le Summer Boarder, fouillant dans un placard de sa chambre, a vu, sur une étagère supérieure, un vieux livre couvert de poussière, il l'a décroché, a fait tomber la poussière et l'a ouvert. Et puis il s'effondra sur une chaise, haletant. Là, dans sa main, gisait une copie parfaite d'un livre du XVe siècle, si rare qu'il n'en existe aucun exemplaire ni au British Museum ni à la Bibliothèque Bodléienne – non, ni au Vatican !

Il le regarda longuement, puis, le portant comme certains hommes porteraient un diamant rare, il descendit à la cuisine, où Mme Maidment préparait des tartes aux prunes.

"C'est un vieux livre étrange que j'ai trouvé dans mon placard, Mme Maidment", dit-il. "Puis-je le regarder ?"

"Oui, et bienvenue, monsieur !" dit Mme Maidment. "Et gardez-le aussi, monsieur, si vous l'acceptez. Eh, nous avions beaucoup de vieux trucs comme ça dans cette boîte là, près de la fenêtre, mais l'année dernière..." Et puis le Summer Boarder J'ai entendu l'histoire du libraire ambulant.

"Et je suis sûre, monsieur, que c'était très gentil de la part de cet homme", a conclu Mme Maidment, "et je l'ai toujours dit, de donner à Mary Ellen trois nouveaux livres, et si joliment reliés, pour rien, mais beaucoup de vieilles conneries que personne ne pouvait lire ! »

Ensuite, le Summer Boarder est sorti dans le jardin et a été confronté à un gros problème moral.

CHAPITRE XIV

LE MAGISTRAT EN CHEF

je

Je suppose qu'il n'y a jamais eu un homme au monde qui ait été aussi fier qu'Abraham Kellet le matin du jour qui devait le voir nommé maire de Sicaster. Ce 9 novembre en particulier, si je me souviens très bien, était plus que d'habitude lugubre et brumeux : il y avait d'épaisses brumes qui s'étendaient partout dans les basses terres et s'enroulaient sur les flancs des collines alors que j'entrais en ville pour prendre part au déroulement de la cérémonie. jour (car j'étais un ancien camarade d'école d'Abraham, et il m'avait gracieusement invité à assister à son élection), mais je garantis que pour son futur culte, aucun jour de juillet n'a jamais semblé aussi glorieux ni aucun soleil de mai. aussi bienvenue que la grisaille de novembre. Tous les hommes ont leurs ambitions - la seule ambition d'Abraham depuis son enfance était de porter la chaîne de maire, la robe de maire, de siéger au siège de maire, d'être le magistrat en chef de sa ville d'adoption, de se connaître comme son principal bourgeois, d'avoir l'opinion de tout le monde. casquette levée pour se faire appeler haut et bas M. le Maire. C'était une ambition louable, et il avait travaillé dur pour y parvenir ; maintenant qu'il était enfin sur le point de la réaliser, sa fierté devenait évidente aux yeux de tous. Ce n'était pas l'orgueil vaniteux, ni l'orgueil qui s'enfle, mais l'orgueil d'un homme qui sait qu'il a réussi. C'était un homme de grande taille et au visage large, Abraham Kellet, qui posait un pied ferme et montrait un front corpulent, et après qu'il fut décidé qu'il serait le prochain maire de Sicaster, son pas était plus ferme que jamais et son devant plus corpulent alors qu'il parcourait les rues pavées de la petite ville. Je peux le voir maintenant : une grande et belle silhouette d'homme d'à peine plus de cinquante ans, mesurant six pieds de haut, invariablement vêtu du meilleur drap ; son linge était aussi scrupuleusement blanc et brillant que lui-même était scrupuleusement rasé ; ses bottes aussi brillantes que la précieuse bague en diamant qu'il portait au petit doigt de sa main gauche. Abraham Kellet était décidément un homme pour occuper un poste de maire avec dignité et plénitude.

En entrant dans Sicaster, ce matin mouvementé, j'ai pensé à l'histoire de la vie de son nouveau maire. Comme moi, Abraham était le fils d'un agriculteur, mais alors que mon père était un homme possédant une fortune considérable, le sien était un homme pauvre qui devait travailler dur, tôt et tard, pour vivre d'une ferme dont les terres étaient pauvre. J'ai toujours eu l'idée que c'était mon père qui avait payé la scolarité d'Abraham à la Sicaster Grammar School, même si ce n'est qu'une idée, car il était le dernier homme au monde à faire savoir à sa main gauche ce que faisait sa main droite. Quoi qu'il en soit, Benjamin Kellet était un homme pauvre, au vu de l'état actuel des choses, et avait une famille grandissante à entretenir, Abraham étant l'aîné, et aucun de ses autres enfants n'avait reçu une éducation plus élevée que celle offerte par l'école du village pour les frais habituels de deux pence par pièce. semaine. La raison pour laquelle Abraham est passé de l'école du village au Sicaster Grammar School était parce qu'il était considéré comme un jeune très prometteur, dont l'éducation devait être améliorée. En effet, le directeur de l'école du village, quand Abraham avait douze ans, lui dit qu'il ne pouvait plus lui apprendre, ce qui n'était pas très important à l'époque où l'on n'enseignait que la lecture, l'écriture et le calcul, avec peut-être un peu d'anglais. d'histoire et un peu de grammaire et de géographie – et qu'il ne servait à rien de rester plus longtemps dans l'école aux tuiles rouges, qui se trouvait à l'ombre de l'église. Il est possible que le pasteur et mon père (qui fut marguillier du vicaire pendant de longues années avant sa mort) aient unanimement réfléchi au sujet d'Abraham. Quoi qu'il en soit, Abraham fut envoyé au lycée de Sicaster, étant entendu qu'il y resterait deux ans, lorsqu'il serait temps pour lui d'être apprenti dans un métier. Il y a fait son entrée le même jour que moi, c'est là que j'ai appris à mieux le connaître. Bien sûr, je le connaissais depuis toujours, mais pas intimement, car ma mère avait insisté pour avoir une gouvernante pour mes deux sœurs – toutes deux mortes depuis bien longtemps ! – et je n'étais donc jamais allée à l'école du village. , et je n'avais pas non plus beaucoup fréquenté les garçons du village. Mais quand j'avais neuf ans, mon père m'a dit que j'en avais assez des cordons de tablier et que je devais aller au lycée de Sicaster dès que commencerait la moitié suivante.

"Au lycée Sicaster!" dit ma mère, parlant comme si mon père m'avait dit que je devais aller aux îles Cannibales. "Eh bien, Sicaster est à six milles ! L'enfant ne peut pas marcher douze milles par jour et apprendre en même temps ses leçons."

"Qui le veut ?" demanda mon père. "Il peut avoir le petit poney et le phaéton et conduire tout seul. J'en achèterai un autre pour toi et les filles. Et il y a le garçon aîné de Keller, il y va aussi, et il peut conduire avec lui."

"Et son dîner ?" dit ma mère.

"Donnez-le-lui chaque jour dans un panier", répondit mon père. "Et… mets-en beaucoup pour deux. Il peut partager avec le jeune Kellet."

C'est ainsi que je suis arrivé à l'école avec Abraham Kellet. Je partais tous les matins à huit heures moins le quart avec le petit poney-phaéton et je récupérais Abraham au bout du chemin qui menait à la ferme de son père. Au début, il apportait son dîner avec lui, mais il fut vite compris que son dîner était dans mon panier : nous n'avions aucune prétention et n'avions aucune idée fausse à ce sujet de part et d'autre. Nous avions l'habitude de courir dans Sicaster avec beaucoup de plaisir, de mettre le poney et de nous piéger au King George et d'aller à l'école. En hiver, nous mangions nos pâtés à la viande et nos tartes aux fruits et buvions notre lait dans une des salles de classe ; en été, nous étendions notre tissu sous les arbres sur une certaine butte du terrain de jeu. Et l'après-midi, l'école terminée, nous sommes rentrés chez nous en courant aussi facilement que nous étions venus.

Je n'ai pas grand souvenir de ce que j'ai fait à l'école, si ce n'est que j'avais l'aversion habituelle des garçons en bonne santé pour le simple apprentissage des livres, et j'étais toujours sincèrement heureux quand sonnait quatre heures et demie. Les chevaux et les chiens, le plein air, le grillon et la pêche, et courir après les chiens de chasse lorsqu'ils venaient vers nous, m'attiraient bien plus que toute autre chose. Je crois qu'Abraham faisait la plupart de mes exercices à la maison pendant que nous allions et revenions de l'école. Quant à lui, il apprenait tout ce qu'il pouvait, dans certaines limites. Il ne voulait rien savoir du latin ou du grec, mais il s'adonnait au français comme un nègre et, pendant les heures de récréation, il cherchait toujours à se mettre en compagnie du professeur de français. Il se souciait peu de l'histoire, mais beaucoup de la géographie : le français, l'arithmétique et, par-dessus tout, la comptabilité étaient les grandes amours d'Abraham. Son écriture fit monter des larmes de joie et de fierté dans les yeux du maître d'écriture ; ses chiffres auraient pu être imprimés ; ses spécimens de comptabilité auraient fait crédit à un comptable agréé.

La raison de la dévotion d'Abraham pour ces sujets particuliers était la suivante : il avait décidé d'être un... Draper. Pas un petit drapier mesquin, qui vendait des gammes de produits bon marché, mais un grand drapier qui se ferait appeler Silk Mercer. Il y avait au centre de la place du marché de Sicastre un tel établissement : c'était sa vue quotidienne qui inspirait les rêves d'Abraham. C'était un établissement solide et très respectable ; même s'il passait pour démodé aujourd'hui, il était alors considéré comme quelque chose de très grandiose, et dans ses vitrines étaient exposées les dernières modes londoniennes et parisiennes. Il y avait un signe très simple en noir et or au-dessus des fenêtres sous les armes royales, avec une inscription tout aussi simple : Paulsford et Tatham, Silk Mercers and Drapers to SM la Reine.

"C'est là que je veux faire mon apprentissage, Poskitt", dit Abraham alors que nous partions un après-midi pour traverser le marché. "C'est le métier qui me plaît. Pas d'agriculture pour moi. L'agriculture ! Travailler toute la journée après une charrue et rentrer à la maison dans de l'argile jusqu'aux yeux et fatigué comme un chien - et puis rien à montrer à la fin de l'année ! Non, merci toi!"

"Ce n'est pas la vie de mon père", dis-je.

Il secoua la tête d'un air entendu.

"Votre père est un homme riche", dit-il. "Je sais. Je garde les yeux ouverts. Non, je me lance dans ce métier."

Je le regardais, essayant de l'imaginer derrière un comptoir, vendant des lacets et des rubans. C'était un garçon grand et lourd, dont les vêtements étaient toujours trop petits pour lui, et il me semblait déjà que cela aurait l'air bizarre de voir des mains aussi grandes manipuler des choses délicates.

"C'est pourquoi j'accorde autant d'attention aux chiffres et au français, voyez-vous, Poskitt", dit-il à l'instant. "Vous ne pouvez pas vous lancer dans les affaires à moins d'être doué en chiffres et en comptabilité, et si vous parlez français, vous avez un grand avantage sur ceux qui ne le savent pas, car vous avez une chance d'être envoyé. à Paris pour voir et acheter les dernières modes."

"Donnez-moi de l'agriculture, un bon cheval, un bon chien et un bon fusil !" dis-je.

"Oui," dit-il, "mais tu es né avec une cuillère en argent dans la bouche. J'ai mon chemin à faire. Je le ferai. Je serai un jour maire de Sicaster."

Le premier pas vers la réalisation de ce souhait par Abraham fut lorsqu'il quitta le lycée et fut dûment apprenti chez MM. Paulsford et Tatham. Il avait alors quatorze ans et, en raison de sa grande silhouette, de son visage lourd et de son expression solennelle, il paraissait plus âgé. Je le voyais parfois dans le magasin lorsque j'y allais avec ma mère ou mes sœurs : il a revêtu très tôt un manteau à queue-de-pie et a revêtu les vraies manières avec. Sa durée d'apprentissage, comme c'était l'habitude à l'époque, était de sept ans - je ne sais pas si ses contrats ont été annulés ou non, mais il était acheteur de l'entreprise à dix-huit ans et directeur à vingt et un ans. Il s'est fait connaître dans Sicaster. Sa conduite était estimable, et tout le monde parlait bien de lui. Six jours de la semaine, il était à son poste de huit heures à huit heures, et le samedi jusqu'à dix heures ; le septième le trouva diligent à assister aux services de l'Église et à enseigner à l'école du dimanche. Il logeait chez une veuve très respectable, relique d'un commerçant décédé, et il n'était jamais connu pour accorder autre chose que l'attention la plus convenable aux jeunes femmes.

C'est ainsi que dix ans de la vie d'Abraham se sont écoulés, selon toute apparence extérieure, avec une douceur absolue. Les sages de Sicaster, en particulier ceux qui se rassemblaient dans des bars-salons douillets et fumaient la pipe et buvaient leur grog des soirs d'hiver, remuaient la tête et disaient que le jeune Kellet devait économiser un joli sou et qu'il savait bien ce qu'il était. à propos de. Et je crois que peu de gens, ni à Sicaster même, ni dans les environs, ont été surpris quand il a été soudainement annoncé dans le *Sicaster Sentinel* que l'entreprise anciennement établie de MM. Paulsford et Tatham avait été abandonnée, en raison de son grand âge et de son ancienneté. en raison de la santé défaillante du seul associé restant, M. Jonas Tatham, a été vendue à leur gérant, M. Abraham Kellet, qui l'exploitera désormais en son propre nom.

Alors maintenant, l'ancien signe est tombé et un nouveau est apparu, et Abraham n'était plus le gestionnaire vigilant et omniprésent, mais le maître omniprésent aux yeux de lynx. Une expression de puissance apparut dans ses yeux et dans ses manières ; il parcourait les rues et traversait la place du marché du pas d'un homme qui a des intérêts dans la ville. Les hommes qui le connaissaient comme apprenti étaient prompts à le « monsieur » ; certains, pour le coiffer ; il avait montré qu'il pouvait gagner de l'argent. Tout le monde savait maintenant qu'il allait inscrire son nom en grosses lettres sur les rouleaux de Sicastre, où figuraient déjà bon nombre de noms non négligeables.

Et puis, juste au moment où Abraham semblait s'être installé dans les premières étapes d'une brillante carrière commerciale dans son propre bâtiment, une grande calamité s'est produite. Cela s'est produit juste au moment où on s'y attendait le moins, car tout semblait de bon augure pour la grandeur d'Abraham. Il avait acheté une belle maison et la meubleait généreusement. Il venait de se fiancer avec la fille et enfant unique de l'échevin John Chepstow, qui était elle-même héritière et on pouvait s'attendre à ce qu'elle hérite de la fortune considérable de son père en temps voulu. La fortune semblait lui sourire de la manière la plus large et la plus amicale. Soudain, elle fronça les sourcils.

Une nuit, les rues calmes et endormies de Sicaster furent soudainement réveillées par un bruit et une activité jusqu'alors inconnus. Le bruit des pas sur le trottoir, le bruit des sabots des chevaux sur les pavés, le vomissement des fenêtres, les cris inarticulés des gens effrayés, tout cela aboutissait à un grand cri : *Au feu* ! Et les hommes et les femmes se précipitant sur la place du marché virent que la vieille boutique majestueuse, celle de Paulsford et Tatham depuis soixante ans, et celle d'Abraham Kellet depuis deux ans, était en feu de haut en bas, et qu'au-dessus de l'holocauste des flammes un épais nuage de flammes s'élevait au-dessus de l'holocauste des flammes. une fumée noire s'élevait lentement vers le ciel éclairé par la lune.

Kellet, feu Paulsford et Tatham, ont été entièrement brûlés avant que le jour ne vienne. Il y avait un petit camion de pompiers dans le sous-sol de l'hôtel de ville, qui crachait sur le feu comme un chaton d'un mois crache sur un dogue, et quand les brigades arrivèrent de Clothford, à douze milles dans une direction, et de Wovefield, à huit kilomètres. dans une autre, il n'y avait que quelques murs. Ceux qui l'ont vu m'ont raconté qu'Abraham Kellet, arrivé de bonne heure sur les lieux et voyant le désespoir de la situation, s'était installé sur les marches de la croix du marché, en face, et avait vu sa propriété brûler jusqu'à ce que le toit s'effondre. Pendant tout ce temps, il n'a jamais prononcé un mot, même si plusieurs lui ont parlé, et quand tout a été fini, il est rentré chez lui. Puis un journaliste lui tira le coude et lui demanda s'il était assuré. Il regarda l'homme pendant un moment comme s'il était fou ; puis il hocha la tête.

"Oui oui!" il a répondu. "Oh oui!"

Tout le monde était vraiment désolé pour Abraham Kellet : même s'il était assuré contre les incendies, les gens de Sicaster pensaient qu'un désastre comme celui-ci devait paralyser son entreprise. Mais ils ne connaissaient pas Abraham. Il semblait être le seul à être vraiment indifférent et il développa immédiatement un état d'activité extraordinaire. Il y avait dans la ville un grand bâtiment qui avait été construit comme cirque - avant dix heures du matin après l'incendie, Abraham l'avait pris et avait envoyé des circulaires annonçant que son entreprise y continuerait jusqu'à ce que ses nouveaux locaux soient terminés. construit. Il a ajouté que les locaux provisoires seraient prêts pour l'accueil des clients dans quatre jours. Puis il a complètement disparu. Les gens riaient et disaient qu'il avait dû perdre la raison. Comment aurait-il pu faire ouvrir des locaux temporaires en quatre jours alors que tous les lambeaux de son stock avaient péri ? Comment a-t-il pu transformer ce vieux cirque, humide et moisi, en un lieu où les gens pouvaient faire du shopping ?

Mais Abraham faisait partie de ces hommes qui refusent de croire aux impossibilités. Comment il a réussi à le faire, personne n'a jamais su qui n'était pas activement concerné. Mais lors de l'ouverture des locaux provisoires, l'ancien cirque avait été transformé en une sorte de bazar, et il y avait un stock tel qu'on n'en avait jamais vu dans l'ancienne boutique. Toute la ville s'y pressait, et les familles du comté venaient, et tout le monde voulait féliciter Abraham. Mais après avoir vu les locaux temporaires fonctionner, Abraham s'est engagé sur une autre voie : il était occupé avec les architectes sur les plans du nouveau magasin. Il en a posé lui-même la première pierre, bien moins d'un mois après le grand incendie.

La nouvelle boutique fut achevée et inaugurée douze mois plus tard ; les critiques compétents disaient qu'elle était aussi belle qu'une boutique de Londres ou de Paris, sauf, bien sûr, en termes de taille. Le lendemain de l'ouverture, Abraham épousa Miss Chepstow et s'offrit une semaine de vacances. Puis M. et Mme Kellet se sont installés dans leur belle maison pour mener une vie de gain d'argent et de promotion sociale. Et Abraham, avec le temps, eut du temps à consacrer aux affaires municipales et devint conseiller, puis échevin, et atteignit enfin le sommet de son ambition et vit le fauteuil de maire, la chaîne et les robes devant lui, à portée de main.

" J'ai mon chemin à parcourir. J'y arriverai. Je serai un jour Maire de Sicaster !"

J'ai pensé à toutes ces choses, comme on pense, à moitié inconsciemment, à des souvenirs quand quelque chose les rappelle, alors que je me rendais à Sicaster par ce matin froid et brumeux de novembre pour prendre part aux grandes actions qui marquent toujours l'élection d'un nouveau maire. dans cette ville historique. Abraham aurait amplement l'occasion de montrer sa grandeur. D'abord l'élection dans la salle du conseil de la mairie ; puis la procession à travers la place du marché jusqu'à l'église paroissiale ; enfin, le banquet du maire le soir – Abraham, me disais-je en pensant à l'époque où je le conduisais à l'école et où il partageait mon dîner, serait (comme on dit dans ces régions) en pleine pompe toute la journée.

J'étais glacé de ma balade, et après avoir vu ma jument à l'écurie au King George, je me dirigeai vers le bar-salon pour prendre un verre de whisky. Il y avait plusieurs citadins qui y discutaient, comme ils le font toujours quand il y a un jour férié dans la ville (et il n'est pas rare qu'il n'y en ait pas !), et, bien sûr, on ne parlait que du maire élu. . Et un homme, commerçant, qui, comme je le savais (par une triste expérience les jours de marché) aimait singulièrement s'entendre parler, pérorait sur la grandeur de ces carrières qui commencent au bas de l'échelle et finissent au sommet. .

« Le self-made man, messieurs, me disait-il lorsque j'entrai, le self-made man est le roi des hommes ! Qu'est-ce qu'un pair du Royaume, messieurs, oui, j'irai même plus loin, et avec tout respect, dites, qu'est-ce que le souverain en comparaison de l'homme qui s'est fait de rien ? Notre digne maire élu...

"Eh bien," dit un autre homme, interrompant celui qui était verbeux et m'épiant, "je crois que M. Poskitt avait l'habitude de conduire Abraham à l'école de Sicaster ici quand ils étaient ensemble. N'était-ce pas vrai, M. Poskitt, monsieur ? "

"Vous avez tout à fait raison, monsieur," répondis-je, "et M. Kellet disait à l'époque qu'il serait maire de Sicaster."

"Oui, regardez là maintenant, messieurs !" s'exclama le bavard. "Cela prouve simplement l'argument qui———"

Mais je n'y prêtais pas attention, comme je l'ai dit, j'en avais assez de lui les jours de marché, et mon attention s'était portée sur un homme, un étranger (vous savez avec quelle rapidité nous, les campagnards, repérons toujours un homme qui ne veut pas). ne nous appartient pas), qui était assis dans un coin du bar-salon qui, comme je dois le dire, vous le savez tous très bien, est une pièce faiblement éclairée. Il était assis là, à l'écart de tout le monde, un verre sur la table devant lui, un cigare à la main - et le cigare avait été allumé et éteint, et pendant que les autres hommes parlaient, il n'essayait pas de le rallumer, mais restait assis. écoutant tranquillement. C'était un homme d'un certain âge, bien vêtu, avec des vêtements qui, à mon avis, étaient de coupe et de tissus étrangers ; ses cheveux étaient gris et plutôt longs et emmêlés autour de ses yeux, et il portait un chapeau à larges bords bien rabattu sur ses sourcils. "Un gentleman artiste", ai-je pensé, puis je n'ai plus pensé à lui, j'ai fini mon whisky et je suis sorti sur la place du marché.

Mon invitation était à la maison privée d'Abraham, d'où, conformément à la coutume, il devait être escorté par quelques amis privés jusqu'à l'hôtel de ville à onze heures. C'était une maison belle, voire noble, située sur la place du marché, juste en face de sa boutique, et l'intérieur était aussi grandiose que l'extérieur : peintures, dorures, tapis moelleux et objets de luxe de tous côtés. Abraham avait alors un domestique, et je fus conduit en grande pompe dans un bel escalier jusqu'au salon, où je trouvai une bonne compagnie déjà rassemblée : le vicaire, le greffier de la ville, quelques échevins et de grands échevins. -les perruques du lieu, et Abraham dans sa tenue habituelle – mais nouvelle – de drap et de lin blanc, et sa femme et ses deux filles en soie et satin, et tout cela très majestueux. Il y avait des vins rares disposés sur les tables, mais j'ai pris une autre goutte de whisky. Et aussitôt Abraham me saisit par le bras et me conduisit jusqu'à l'une des fenêtres donnant sur la place du marché.

"Poskitt !" dit-il à voix basse, "tu te souviens quand tu me conduisais à l'école et partageais ton dîner avec moi ?"

"Oui," dis-je.

Il agita sa main – une grande main blanche, sur laquelle étincelait une fine bague en diamant – vers la boutique puis autour de lui.

"N'ai-je pas dit que je serais maire de Sicaster ?" il a dit.

"Vous l'avez fait", dis-je.

Il passa ses pouces dans les emmanchures de son gilet – un de ses tours favoris lorsqu'il se tenait au milieu de sa boutique, regardant autour de lui – et s'étala comme un dindon.

"Et avant midi, je le serai, Poskitt !" il a dit. "Le pauvre garçon est devenu le grand..."

Il s'arrêta brusquement, et je vis sa large figure, habituellement rougeâtre, devenir blanche comme de la pâte. Il se pencha en avant, regardant par la fenêtre avec des yeux qui semblaient sortir de sa tête. Et suivant son regard, j'aperçus, debout de l'autre côté de la place du marché, et regardant curieusement la maison de Kellet, l'étranger que j'avais vu un quart d'heure auparavant dans le bar-salon du King George. Il regarda de fenêtre en fenêtre, de haut en bas, et s'éloigna négligemment.

Abraham Kellet se ressaisit et me lança un regard suspicieux. Il avait une drôle d'expression sur son visage et il essaya de sourire – et en même temps il porta la main à son cœur.

"Ne dis rien, Poskitt", dit-il en regardant autour de lui. "Un léger spasme... ce n'est rien. L'excitation, hein, Poskitt ? Et... il est temps que nous agissions."

Il revint au milieu de la salle et demanda à sa compagnie de le rejoindre pour un dernier verre avant de se diriger vers l'Hôtel de Ville, invitant en même temps sa femme et ses filles à prendre place dans la galerie réservée aux dames. . Et j'ai remarqué, lorsqu'il se servait à boire, qu'il remplissait d'eau-de-vie une coupe de champagne et la buvait d'un trait, et que sa main tremblait en portant la coupe à ses lèvres. D'autres, sans doute, l'ont remarqué aussi et l'ont mis sur le compte d'une nervosité très naturelle. Il rit un peu trop bruyamment d'une plaisanterie démodée que lui faisait le Vicaire (qui aimait autant s'amuser que le vieux port) et qui, elle aussi, pouvait être attribuée à la nervosité. Mais je n'attribuais ni la main tremblante ni les rires forcés à la nervosité : il me semblait qu'Abraham Kellet avait peur.

Je vous ai dit que c'était la coutume à cette époque que le maire élu soit accompagné de sa résidence privée à l'Hôtel de Ville par une compagnie de ses amis - c'était une autre coutume que chaque homme marchant dans ce petit cortège informel devait porter ce que nous appelions alors un bouquet, et qu'on appelle aujourd'hui un bouquet de fleurs. Ainsi, alors que nous descendions le large escalier de la maison d'Abraham Kellet, chacun de nous reçut des mains du domestique un beau bouquet de fleurs d'automne qu'on pouvait se procurer. Ainsi décorés, nous sortîmes sur la place du marché, passant entre deux groupes de personnes rassemblées de part et d'autre de l'entrée pour voir le maire élu sortir de sa maison. Ils ont déclenché de chaleureuses acclamations lorsque la silhouette robuste d'Abraham est apparue, et ces acclamations ont continué jusqu'à l'hôtel de ville, avec une bénédiction occasionnelle de la part de vieilles femmes qui espéraient, plus tard dans la journée, participer au nouveau maire. prime. Abraham traversait la place du marché, la tête droite et le visage souriant, hochant la tête et s'inclinant à droite et à gauche, mais moi, marchant juste derrière lui et un peu à côté de lui, je vis qu'il regardait autour de lui comme s'il cherchait un affronter.

L'hôtel de ville était plein à l'arrivée du groupe d'Abraham, plein, à l'exception des sièges qu'ils avaient réservés aux favoris. Ceux de notre groupe étaient au premier rang de la galerie de droite ; une fois monté dans la mienne, j'ai tranquillement examiné la scène. L'hôtel de ville de Sicaster est une salle d'une certaine taille et prétention : à une extrémité se trouve une plate-forme large et profonde, derrière laquelle se trouve une sculpture représentant la capitulation du château de Sicaster au moment de la guerre civile, et sur cette plate-forme, disposée en Leur ordre de préséance était déjà réuni, les échevins et les conseillers du bourg. Ils s'assirent en demi-cercle autour de la plate-forme ; au milieu se trouvait une table recouverte de velours sur laquelle étaient disposés les anciens insignes de Sicastre, la masse, le bonnet d'entretien, le sceau, la Bible. Derrière cette table étaient placées trois chaises, celle du milieu étant placée sur une sorte d'estrade, beaucoup plus imposante que celles qui la flanquaient. Devant l'estrade se trouvaient des sièges pour les grands de la ville, s'étendant à mi-hauteur de la salle, dont le reste était ouvert au public, qui l'avait déjà remplie dans toute son étendue. La tribune de droite, dans laquelle j'étais assis, était réservée aux amis des membres de la corporation ; la galerie d'en face pour les dames, et au premier rang là-bas, donnant immédiatement sur la plate-forme, se trouvaient Mme Kellet et ses filles, fières et rayonnantes. La galerie située au fond de la salle était, comme la moitié inférieure, ouverte au public. Et en jetant un coup d'œil sur ces rangées bondées, j'ai vu, assis juste au-dessus de l'horloge au centre de la balustrade, l'homme que j'avais vu dans le King George et qui regardait ensuite la maison d'Abraham Kellet.

Il était assis, les coudes fixés sur la balustrade devant lui, le menton appuyé dans ses mains, regardant fixement la scène et les gens. Il me semblait (et il y a encore vingt ans, alors que je n'avais qu'une cinquantaine d'années, je me flattais un peu de lire sur les visages!) qu'il reconnaissait, rappelait, constatait les différences que fait le temps. Sans bouger ni corps ni tête, il laissa ses yeux parcourir lentement les galeries de chaque côté de lui, tout comme ils fouillaient la plate-forme lorsque je l'aperçus pour la première fois. Et je commençais à me demander avec un vague inquiétude qui était cet homme et ce qu'il faisait là. Était-il un simple étranger, poussé par la curiosité d'assister à une vieille cérémonie anglaise, ou était-il là dans un but précis ? Et pourquoi Abraham Kellet avait-il été ému à sa vue ? Car j'en étais sûr.

Il y eut du tumulte et du tumulte, et le maire sortant, accompagné de son adjoint, le greffier municipal, et d'autres fonctionnaires montèrent sur l'estrade, accompagnés d'Abraham Kellet et de deux ou trois autres échevins, qui passèrent à leurs places habituelles. Je vis Abraham, alors qu'il s'asseyait, jeter un coup d'œil autour de la salle bondée avec ce regard que j'avais remarqué sur la place du marché. Et j'ai vu aussi qu'il ne voyait pas l'homme qui était assis à l'horloge. Mais maintenant qu'Abraham était là, sur l'estrade, dans sa robe d'alderman, l'homme n'avait d'yeux que pour lui. Il le regardait comme j'ai vu un chat surveiller le trou d'où il sait qu'une souris va sortir.

Les débats commencèrent. À mesure que celui qui proposait et soutenait Abraham proposait son élection, Abraham semblait se gonfler de plus en plus et le rayon de sa femme assumait une nouvelle dignité. Toutes les vertus civiques lui appartenaient, selon l'échevin Gillworthy ; c'était lui qui, en tant que président du Comité de surveillance, avait institué un nouveau système vestimentaire pour la police ; c'est lui qui, en tant que président du comité des eaux, avait fourni à Sicaster de l'eau potable pure. M. le conseiller Sparcroft a davantage parlé de ses vertus morales, faisant remarquer que l'échevin Gillworthy avait épuisé la liste des triomphes municipaux de leur ami. Il a rappelé au Conseil qu'Abraham était un brillant exemple de rectitude et a attiré les yeux de toute l'assemblée sur Mme Kellet et ses filles lorsqu'il a parlé de lui avec émotion comme d'un mari et d'un père modèle. Il l'a décrit comme un professeur d'école du dimanche ayant plus de trente ans d'expérience ; comme marguillier du vicaire pendant plus de vingt ans ; il était lié à toutes les sociétés de bienfaisance et les pauvres le connaissaient. Ensuite, le conseiller, célèbre pour son discours, s'est tourné vers le côté commercial de l'histoire d'Abraham et a esquissé sa carrière avec des phrases tranchantes et des couleurs éclatantes. Son humble origine – ses premières ambitions – sa persévérance – ses efforts acharnés – son malheur à une époque où tout semblait juste – son ascension, tel un Phénix, de ses cendres – sa montée constante sur la montagne du succès – son atteinte du sommet le plus élevé. hauteur — toutes ces choses furent abordées par le conseiller, qui terminait son discours fleuri par une citation de l'Écriture Sainte : « Voyez-vous un homme diligent dans les affaires ? — il se tiendra devant les rois !

Il n'y a eu aucune opposition contre Abraham Kellet : le Conseil a été unanime. Il fut dûment élu maire de Sicaster, le trois cent soixante-quinzième depuis que la vieille ville a reçu sa charte.

Je suppose qu'il n'y a jamais eu un tel moment d'émotion dans la vie d'Abraham Kellet que lorsque, dûment installé dans le fauteuil du maire, vêtu de la robe du maire et revêtu de la chaîne du maire, il se leva pour prononcer son premier discours en tant que magistrat en chef de Sicaster. Pour une fois, la pompe des manières qui s'était développée en lui s'évanouit ; il semblait revenir à un moi simple et plus naturel. Il regarda autour de lui ; il jeta un coup d'œil à sa femme et à ses filles ; il a attiré mon attention – il a fallu un moment avant que les applaudissements qui avaient accueilli le lever du maire ne se soient calmés pour qu'il puisse se ordonner de parler. Lorsqu'il parlait, ses premières phrases étaient nerveuses et hésitantes, mais il gagna en confiance lorsqu'il commença à faire référence aux références de Sparcroft à sa carrière de commerçant.

« Vous en voyez un, dit-il, qui n'a jamais su ce que c'était que de craindre une difficulté, qui a refusé de croire aux obstacles, qui a toujours voulu marcher avec son temps, et qui... »

Il s'arrêta là une seconde, car il était troublé par une légère toux ce matin-là, et à cette seconde une voix, pénétrante, froide et tranchante comme l'acier et aussi impitoyable que la main implacable du vengeur lorsqu'elle ramène l'acier jusqu'au bout, résonna à travers la salle. salle-

" *Et qui a brûlé sa boutique pour récupérer l'argent de l'assurance !* "

Je n'ai jamais eu un souvenir clair – non, je n'ai jamais eu une réalisation claire – de ce qui a suivi. Je me souviens d'une mer de visages blancs et effrayés, d'un murmure de voix, de voir l'homme derrière l'horloge étendre un doigt accusateur à travers l'espace entre la galerie et la plate-forme. Et je me souviens d'Abraham Kellet, atteint de paralysie, agrippant la table devant lui et fixant, fixant le doigt accusateur et l'homme derrière, comme on pourrait fixer la chose maléfique. Il sembla des heures avant que cette seconde ne s'écoule et qu'un cri, ressemblant plus au cri d'une âme perdue qu'à celui d'un homme, jaillit sèchement, d'une voix rauque, de ses lèvres :

" *Aynesley ! Reviens !* "

Puis, dans tous ses atours de maire, il tomba lourdement sur la table, et la chaîne de maire claqua contre la masse qui avait été portée devant de nombreux honnêtes prédécesseurs pendant deux deux cents ans.

Il n'y a pas eu de procession à l'église ce jour-là ni de banquet du maire ce soir-là, mais Sicaster avait de quoi parler et c'est une ville qui aime les ragots. Et cette histoire honteuse était entièrement vraie. L'incendie de bien des années auparavant était un incendiaire astucieux de la part d'Abraham Kellet, et son manager Aynesley avait détecté sa culpabilité et avait été mis au carré par Abraham, qui avait par la suite tenté, pour mettre une belle phrase là-dessus, de le faire supprimé. Et Aynesley avait juré de se venger, et avait travaillé et comploté jusqu'à ce que lui aussi devienne un homme riche – et il avait attendu son heure, attendant de tirer Abraham du sommet de sa gloire au moment même où il l'atteignait.

Vanité des vanités, tout est vanité ! Il est temps de prendre nos derniers verres.

BONNE NUIT.

www.ingramcontent.com/pod-product-compliance
Lightning Source LLC
LaVergne TN
LVHW041702190726
843493LV00007B/1911